살아계신 하나님과 우리의 살아있는 정신

크리스챤들은 칼 융으로부터 무엇을 배울 수 있는가?

앤 벨포드 울라노프 / 앨빈 듀크 지음
김병오 옮김

한국심리치료연구소

THE LIVING GOD AND OUR LIVING PSYCHE

What Christians Can Learn from Carl Jung?

Ann Belford Ulanov & Alvin Dueck

Copyright ⓒ 2008 by Ann Belford Ulanov & Alvin Dueck
Translation copyright ⓒ 2013
by Korea Psychotherapy Institute

본 저작물의 한국어판 저작권은
rMaeng2 를 통한 B. Eerdmans Publishing Co. 와의 독점 계약으로
한국심리치료연구소가 소유하고 있습니다.
저작권법에 의하여 보호를 받는 저작물이므로
무단전제와 무단복제를 금합니다.

살아계신 하나님과 우리의 살아있는 정신

발행일 • 2013년 10월 5일
앤 벨포드 율라노프와 앨빈 듀크 지음
옮긴 이 • 김병오
펴낸 이 • 이재훈
펴낸 곳 • 한국심리치료연구소

등록 • 제 22-1005호(1996년 5월 13일)
주소 • 서울시 종로구 적선동 156 (쌍용플래티넘 918호)
Tel • 730-2537, 2538   Fax • 730-2539
www.kicp.co.kr   E mail: kicp21@naver.com

15,000원

ISBN 978-89-97465-05-7 93230

이 도서의 국립중앙도서관 출판시도서목록(cip)은 홈페이지
(http://www.nl.go.kr/cip.php)에서 이용하실 수 있습니다.
(제어번호: 2013018680)

살아계신 하나님과 우리의 살아있는 정신
-크리스챤들은 칼 융으로부터 무엇을 배울 수 있는가?-

THE LIVING GOD AND OUR LIVING PSYCHE
What Christians Can Learn from Carl Jung

Ann Belford Ulanov & Alvin Dueck

목차

역자서문   7

프롤로그
융을 읽는다는 것: 현대인의 정신을 목양한다는 것   13
앨빈 듀크와 브라이언 베커

앤 뺄포드 율라노프의 에세이들
크리스천의 정신에 대한 두려움   49
나쁜 것은 어디에 두어야 하는가? 여성적인 것은 어디에 두어야 하는가?   79
하나님-이미지들과 신앙의 삶   106

에필로그
율라노프를 읽느다는 것: 통합으로서 비계   141
앨빈 듀크

역자 서문

　18세기 계몽주의의 이성적 합리주의와 그 연장선상에 있었던 19세기의 찰스 다윈의 유물론적 진화론의 영향 아래, 자연주의와 실증주의의 토양에서 성장한 현대의 과학주의는 인간을 유인원에서 진화한 고등동물('호모 사피엔스')로 이해하고 있다. 이 현대적 인간관은 기독교가 2천년 동안 주장해온, 영혼을 가진 인간관을 계속 침식해왔다. 설상가상으로 서구의 물질문명의 번영으로 인한 기독교의 세속화 때문에 사람들은 성경의 계시적 권위를 경시하게 되었고, 이것은 하나님의 형상으로 지음 받은 인간(Imago Dei)에 대한 기독교적 이해에 많은 회의를 불러일으켜왔다. 이런 서구 유럽의 역사적 배경과 무관하지 않게, 심리학자 칼 융은 인간의 정신(psyche)을 논의함에 있어서 영혼(soul)의 차원을 상실한 현대인의 비극에 대한 우려와 함께, 그 차원의 치유와 회복에 대해 깊은 관심을 가졌다. 물론 그가 말하는 '정신'('프쉬케')이 기독교가 말하는 '영혼'('프뉴마')과 정확하게 동일한 개념은 아니다. 정신이라는 용어가 인간의 심리학적 현실에 확고한 토대를 가진 채 영적 차원을 포함하고 있는 반면에, 영혼은 인간 정신 안에 깃들어 있으면서도 그것의 뿌리를 신성(神性)에 두고 있다. 정신이 의식과 무의식을 포함하는 보다 기능적인 차원들을 지칭한다면, 영혼은 인간 존재의 본질의 차원을 지칭한다고 말할 수 있다. 그리스도론의 신비 안에서 인성과 신성의 관계가 그러하듯이, 정신과 영혼의 관계는 분리되어서도 혼동되어서도 아니되고, 구별되지만 분리될 수 없는 관계이다.

그러나 융은 현대 심리학자들 가운데 누구보다도 인간을 종교적 존재로 이해했고, 인간이 초월적 실재를 만날 때 나타나는 누미노제적 체험(numinous experience)에 대해 지대한 관심을 가졌다. 예를 들면, 미국의 알코올 중독자이었던 하자드(R. Hazard)가 중독을 극복할 수 있는 방법을 융에게 물었을 때, 그는 종교적 회심만이 궁극적인 해결방법이라고 권면한다. 또한 융이 마틴(P. W. Martin)에게 보낸 편지 속에서 "나의 일의 주요한 관심은 누미노제에 대한 접근이다....사실은 누미노제가 진정한 치료이다"라고 적는다. 이 책의 저자인 앤 율라노프는 40년 동안 융의 심리학을 신학적 관점에서 연구를 하면서, 융의 자기(Self)란 누미노제적 자기(numinous Self)이며, 이것은 인간의 전체적 영혼이 초월적 실재('하나님')에 이르는 다리이며, 이곳이 기독교 영성이 일어나는 자리라고 이해한다. 따라서 기독교적 관점에서 볼 때, 융의 심리학은 현대의 다른 심리학들과 다른, 종교적 상징과 영성이 이해되는 심리학, 즉 성례의 심리학(sacral psychology)이다.

앤 율라노프는 이 책에 나오는 에세이들을 통해 기독교 인간관과 융의 성격이론을 분석하고 통합하면서 그녀의 특유한 신학적 인간학을 제정한다. 그녀는 역사적 기독교 신조(칼케돈 신조)와 전통에 바탕을 두고 우리 시대에 필요한 인간학을 위해서 융의 이론을 비계로서 활용한다. 비계(scaffold)란 높은 건물을 지을 때 디디고 서도록 긴 나무 따위를 종횡으로 엮어 다리처럼 걸쳐 놓은 설치물이다. 그녀는 우리가 성례화된 영혼의 구조를 이해하기 위한 다리 혹은 매체로서 융의 심리학을 활용한다면, 우리는 기독교가 말하는 계시에 훨씬 더 쉽게 접근할 수 있다는 견해를 가지고 있다.

따라서 그녀는 융의 심리학을 기독교적 관점에서 수용할 것은 수용하고 비판할 것은 비판하면서 오늘날 크리스천들이 왜 융을 읽어야할 것인가를 역설한다. 무엇보다 미국의 뉴욕 유니온 신학교의 정신의학과 종교 분야의 저명한 교수로서, 그녀는 현대 크리스천들에게 융이 말하고 있는 심층심리학이 왜 필요한지를 말한다. 그녀에 의하면, 심층심리학은 신앙의 '지나친 영성화'(over-spiritualization)를 막는 교정책이다. 크리스천들이 육체 안에 영성의 자리를 마련하지 못하고 모든 것을 영성화할 때 이것은 또 다른 환원주의의 오류를 범하게 되고, 이로 인해 성경이 말하는 건강한 영성은 설 자리를 잃게 된다. 오늘날 우리는 한국교회 안에서 교회의 세속화와 더불어 크리스천들의 병든 영성을 목격할 수 있다. 보수적인 크리스천일수록 신앙을 지나치게 영성화하는 경향이 있기 때문에, 육체와 영혼, 그리고 신앙과 생활의 괴리가 없는 균형 잡힌 영성을 가진다는 것은 이 시대에 우리에게 너무나 필요한 과제이다. 이런 시점에 기독교 신학과 심층심리학의 대화를 통해서 건강한 크리스천의 인격과 영성에 대한 담론의 자리를 마련한 앤 율라노프의 이 저술은 한국 기독교의 고갈되어가는 치유의 능력을 갱신하는 데 일조하게 될 것이다. 마지막으로 이 책의 출판을 도와주신 현대정신분석연구소 소장이시며, 앤 율라노프의 제자인 이재훈 박사님께 심심한 감사를 드린다.

2013년 9월 15일
방배동 연구실에서 김병오 교수

프롤로그

융을 읽는다는 것:
현대인의 정신을 돌본다는 것

왜 크리스찬들은 융을 읽어야 하는가? 유럽의 상황에서 글을 썼고, 그 접근이 소수의 정신건강 개업의들에 의해 사용되는, 40년 이상동안 고인이 된 심리학자/정신의학자 때문에 왜 괴로워해야 하는가? 크리스찬들을 포함해서, 융을 정치적으로 순진하고, 개인주의적이며, 심리학적으로 환원주의적이고, 도덕적으로 애매한 엘리트주의자(elitist), 그리고 영지주의자(Gnostic)로서 거절하는 사람들이 있다.[1] 여성들에 대한 그의 견해는 본질주의자로서 처리되었고 판에 박힌 것이었다.[2] 어떤 학계에서 그의 심리학은

우리는 Ann Belford Ulanov, Deborah van Deusen Hunsigner, David Augsburger, David Atkins, 그리고 Richard Peace에 의한 프롤로그와 에필로그에 가해진 논평들에 대해 기꺼이 감사한다. 우리는 원고 편집을 도운 Kathryn Steeter, Barbara Bell, and Daniel Groot에게 감사한다.
****

1) Andrew Samuels, *Jung and the Post-Jungians* (London: Routedge & Kegan Paul, 1985); and Jeffrey Satinover, *The Empty Self: C. G. Jung and the Gnostic Foundations of Modern Identity* (Westport, conn.: Hamewith Books, 1996).

2) 변화하는 관점들을 위해서, Naomi R. Goldenberg, *Important Directions for a Feminist Critique of Religionin the Works of Sigmund Freud and Carl Jung* (New Haven, Conn.: Yale, 1976); S. Rowland, Jung: *A Feminst Revision* (Malen, Mass.: Polity, 2002); and Demaris S. Wehr, Jung and Feminism: Liberating Archetypes (Boston: Beacon Press, 1989)를 보라.

마법으로 격하되거나 혹은 뉴 에이지로 비난당한다.3) 많은 사람들에게 다른 문제는 융의 집단무의식, 동시성, 그리고 연금술의 언어이다. 어떤 사람들은 주장하기를, 그의 이론은 타락하지 않은 인간 본성을 가정하는 종교와 맞서는 라이벌(rival religion)이고, 그것은 너무나 주관주의의 늪에 빠졌기 때문에 그리스도의 삶, 죽음과 부활은 객관적인 의미를 가지고 있지 않다.4) 필립 리프(Phillip Rieff)는 "믿을 수 없는 친구(융)보다 솔직한 적(프로이드)이 더 낫다"5)는 결론을 내린다.

지난 세기의 중간에 일반적으로 심리학과 융에 대한 복음주의 크리스챤들의 반감은 현대성의 번영에 대한 19세기 개신교의 반동 속에 부분적으로 뿌리를 두고 있다. 보수적인 크리스챤들에게 심

---

3) Richard Noll은 융을 David Koresh와 Jim Jones에 비유한다. 그는 분석심리학을 "그 자신을 그리스도라고 경험했던 카리스마가 넘치는 사람에 의해 주도된 스위스의 중산층의 사이비 종교, 태양을 숭배하는 신이교도들로 묘사한다." Richard Noll, "The Rose, the Cross, and the Analyst," *New York Times*, 15 October 1994를 보라. 더 조심스러운 분석을 위해서, Sonu Shamdasani, *Cult Fictions: C. G. Jung and the Founding of Analytical Psychology* (New York: Routledge, 1998), 그리고 또한 *Jung and the Making of Modern Psychology: The Dream of a Science* (New York: Cambridge University Press, 2003)를 보라.
4) Paul C. Vitz, "Secular Personality Theories: A Critical Analysis," in *Man and Mind: A Christian Theory of Personality*, ed. T. Burke (Hillsdale,Mich.: Hillsdale College Press, 1987), pp. 65-94; Roger Hurding, *Roots and Shoots* (London: Hodder & Stoughton, 1985), pp. 334-60; 그리고 Alasdair MacIntyre, "Jung, Carl Gustav," in *The Encyclopedia of Philosophy*, vols. 3-4, ed. P. Edwards (New York: Macmillian, 1967), pp. 294-96. Stan Jones와 Richard Butman은 그들의 융에 대한 견해들을 다음과 같이 결론을 맺는다: "분석심리학의 경험적 본질은 대조적으로 개인적 신화와 개인의 스토리를 강조하면서, 진리의 외부적이고 권위주의적인 이해에 저항한다. 따라서 융과 융의 심리학을 읽는 크리스챤 독자는 기독교 신학에서 빌린 구절들과 개념들을 만날 때 극히 조심해야 한다." Stan Jones and Richard Butman, Modern Psychologies: *A Comprehensive Christian Appraisal* (Downers Grove, Ill.: InterVarsity Press, 1991), p. 122을 보라.
5) Rieff, *The Triumph of the Therapeutic: Uses of Faith after Freud* (New York: Harper & Row, 1966), p. 91.

리학은 현대문화에 의해 전파된 이단이다.6)

융의 작업도, 프로이드의 작업과 마찬가지로, 신앙에 대한 복귀가 아니라 오히려 불가지론적인 자유주의의 명시를 구성했다.7) 영성은 성서적으로 뿌리를 내려야 하고, 영혼의 문제들은 심리학이 아닌, 신학의 영역이다. 그들에게 융은 크리스챤의 성경과 교리의 권위에 대해 너무 낮은 견해를 가졌고, 따라서 극히 상대주의적이라고 생각되었다.

사람들은 궁금해한다: 과연 선한 것이 취리히에서 나올 수 있는가? 소설가들은 그럴 수 있다고 생각하는 것 같다. 캐나다 작가 로버슨 데이비즈(Robertson Davies)와 영국의 작가 수잔 호워치(Susan Howatch)8)는 융으로부터 실로 많은 것을 빌렸다. 호워치는 더 깊은 영성을 위해서 그렇게 했다. 누구나 논증할 수 있듯이, 융에 대한 미국의 최고의 신학적 해석자인 앤 벨포드 율라노프(Ann Belford Ulanov)는 영성적으로 그리고 심리학적으로 도움이 되는 많은 것들을 그의 저술에서 발견했다. 융과 기독교에 대한 그녀의 에세이는 이 책의 특색을 이룬다.9)

---

6) Martin Bobgan and Deidre Bobgan, *Psycho Heresy: The Psychological Seduction of Christianity* (Santa Barbara, Calif · East Gate Publishers, 1987).
7) T. G. Esau, "The Evangelical Christian in Psychotherapy," *American Journal of Psychotherapy 52* (1998): 28-36.
8) Davies, The Cornish Trilogy (New York: Viking, 1991); *The Salterton Trilogy* (New York: Penguin Books); and *The Deptford Trilogy* (New York: Penguin Books, 1990)를 보라. 그리고 Howatch, *Glamorous Powers* (New York: A. A. Knopf, 1988); *Glittering Images* (New York: Ballantine Books, 1988); *Mystical Paths* (New York: HarperCollins, 1992); *Scandalous Risks* (New York: A. A. Knoph, 1990); *Ultimate Prizes* (New York: Random House, 1989); *Absolute Truths* (London: HarperCollins, 1994); *The Wonder-Worker: A Novel* (New York: Random House, 1997); and *The High Flyer* (Rockland, Mass.: Wheeler Pub, 1999)를 보라.
9) 이 에세이들은 원래 율라노프가 2004년, 2월 18일-20일에 통합 심포지엄 동안 풀러신학교 심리학과에서 전달했던 강의들이었다. 우리는 대학원 심리학과에 기부를 통해 심포지엄을 가능하게 했던 Evelyn and Frank Freed에게 감사를 드린다.

이 책의 초점은 융과 기독교의 대화, 즉 우리가 믿기로는, 목사들, 심리학자들과 일반적으로 크리스챤들에게 통찰들을 주게 될 대화이다. 우리는 이 프롤로그에서 개혁주의 목사의 아들, 칼 구스타브 융이 그의 시대에 세속주의의 번영과 종교성의 쇠퇴에 대한 목회적 반응을 썼다는 것을 제안한다. 그의 작업은 현대의 회의주의의 촉수들로부터 종교를 구제하려는 시도였다. 세속적인 현대인의 영혼 안에서 그는 현대성의 영고성쇠를 통해 개인을 지탱할 수 있는, 그가 희망하기로는, 영적 현존을 식별할 수 있었다. 지난 여러 세기들을 통해 현대성은 번영하면서, 20세기의 첫 반세기 동안 그 힘의 정점에 도달했고, 과학에의 항복은 기독교 실천들의 치유 능력의 많은 것들을 고갈시켰다. 융은 이 생명력을 회복시키려고 했다.

우리와 다른 융의 접근의 측면들(에필로그에서 설명된 주제)이 있는 반면에, 우리는 융이 기독교 공동체에 공헌을 한다고 믿는다. 이 프롤로그는 융의 인간학이 정신에 대한 현대성의 부식적인 효과들에 반격하려는 *목양적(pastoral)* 반응이 되는 방식들을 검토할 수 있는 맥락을 제공할 것이다. 우리는 독자에게 앤 벨포드 율라노프와 그녀의 에세이들을 소개함으로써 이 프롤로그의 결론을 내릴 것이다.

융, 종교와 현대성

우리는 융을 현대성, 종교, 그리고 심리학의 상호관계의 복잡한 조직의 맥락에서 가장 잘 이해할 수 있다는 점을 인정한다. 학문으로서의 심리학도, 개인들과 제도들 안에 있는 종교도, 사회적 진공 안에서 기능하지 않는다. 양쪽 다 제왕들의 독단적인 권위 혹은 거룩한 계시를 대신할 자명한 진리들을 과거 오백 년 간 탐구함으로써 심오하게 모양을 갖추게 되었다. 봉건주의와 중세주의와 대조적으로, 현대주의는 개인적 자유, 독특성, 가치, 충족, 그리고 창조성의 의미를 강조했다.10) 그것은 사회적 결합력을 창조하고 1618년에서 1648년까지의 종교전쟁들의 와해의 비극을 피하기 위해 비역사적, 비상황적, 명제적 합리성을 향상시켰다.11) 현대주의는 출현하는 산업사회를 위한 직선적, 도구적 이유를 표현했고, 반면에 낭만주의는 경험을 성례화함으로써 산업화에 반응했다. 과학의 부상과 함께, 종교는 기껏해야 사적인 선택의 영역으로, 그리고 최악의 경우 미신으로 추방되었다. 자연 안에서 드러난 질서로서 보편적 진리의 발견은 오래된 신성한 경전의 구절들을 대신했고, 그리고 로고스(logos)의 의미는 사고를 객관적 실재에 연결시키는 능력에 의존하게 되었다.12)

이와 같은 상황에서 현대 심리학이 태동했다. 피터 호만스(Peter Homans)는 개인적 삶을 형성하는 전통의 힘의 쇠퇴, 높아진 개인적 자의식의 출현, 사회적 질서로부터 개인적 자의식의 분열, 그리고 사회적인 것의 평가 절하가 있었기 때문에, 학문으로서의 심리학이 발달할 수 있는 조건들이 무르익게 되었다는 것을 지적했다.13) 더구나 경험적 과학은 현대성 안에서 특권을

---

10) Steven Lukes, *Individualism* (Oxford: Basil Blackwell, 1984).
11) Stephen Toulmin, *Cosmopolis: The Hidden Agenda of Modernity* (Chicago: University of Chicago Press, 1993).
12) Alvin Dueck and Thomas D. Parsons, "Integration Discourse: Modern and Postmodern," *Journal of Psychology and Theology 32 (2004)*: 232-47.
13) Homans, *Jung in Context: Modernity and the Making of a Psychology* (Chicago: University of Chicago Press, 1995). 또한 Charles Taylor, *Sources of the Self: Making of the Modern Identity* (Cambridge: Cambridge University Press, 1989)를 보라.

누리는 인식론이기 때문에 심리학의 학문은 합법적으로 인정받기 위해서 지식을 얻기 위한 과학적 절차들을 채용했다. 관찰할 수 없는 것(예를 들면, 경험, 종교적 감각들)은 구체적인, 특정한 경험들의 연구를 위해서 배제되었다. 자본주의 관료 정치의 번영과 함께 노동력의 능력들에 관해 결정들을 내릴 필요성은 검증 산업(testing industry)의 발달을 촉진시켰다.[14] 이제 심리학은 현대적 사조에 맞게 되었다.

20세기가 시작되자 종교심리학의 새로운 분야는 일반적인 발견들과 넓은 심리학적 이론들을 종교의 경험에 적용하기 시작했다. 윌리암 제임스는 강렬한 종교적 경험들이 심리적인 주의를 받을 가치가 있다고 생각했지만,[15] 그 후의 심리학자들은 종교적 사람을 환상을 고집하고 사람, 종교를 극복기제로서 사용하는 사람, 혹은 설상가상으로 종교를 단순히 내적인 심리적 힘들과 외적인 문화적 힘들의 결과라고 믿는 사람으로 보았다. 이 분석이 사실이라면 지난 세기 동안 종교주의자들과 심리학자들의 대화가 비틀거린 것은 놀랄 일이 아니다.[16]

신학자들과 평신도들이 초기에 심리학의 훈련에 참가하지 않

---

14) Philip Cushman, *Constructing the Self, Constructing America: A Cultural History of Psychotherapy* (Boston: Addison-Wesley, 1995).

15) James, *The Varieties of Religious Experience: A Study in Human Nature* (New York: Modern Library, 1902/1999).

16) Alvin Dueck and Thomas Parsons, "Ethics, Alterity, and Psychotherapy: A Levinasian Perspective," *Pastoral Psychology* 55 (2007): 271-82. 현대적 학문으로서의 종교심리학의 재고를 위해 이 논고 안에 있는 소개를 보라. 또한 다음의 글들이 적절하다: James Carrete, "The Challenge of Critical Psychology," in *Religion and Psychology: Mapping the Terrain: Contemporary Dialogues, Future Prospects*, ed. Diane Jonte-Pace and William B. Parson (New York: Routledge, 2001), pp.110-26 그리고 Keith Meador, "My Own Salvation," in *The Secular Revolution: Power, Interests, and Conflict in the Secularization of American Public Life*, ed. Christian Smith (Berkeley and Los Angeles: University of California Press, 2003), pp.269-309.

은 것과 마찬가지로 이들이 오늘날 현대성의 지배력에서 면제된 것은 아니다. 과학과 종교 사이의 전쟁으로 시작했던 것이, 수세기에 걸쳐, 창조주의와 자유의지의 역할에 대한 간헐적인 불꽃 튀는 분쟁들을 통해 이제 이 둘이 동역자가 되었다. 그러나 신앙은 사회적 정의 혹은 환경적 보호를 공적으로 옹호하는 것보다 내적인 개인적 가능성을 실현하는 것에 대한 더 많은 관심과 함께 주로 개인적이고 사적인 경험이 되었다. 도덕성은 추측건대 보편적으로 적용할 수 있는 윤리적 규범들로 축소되었다.[17] 심지어 현대성을 교회와 그 추종자들이 적응해야하는 새로운 긍정적인 문화적 운동으로 이해하는 종교주의자들도 있다.

융의 목회적 반응

어떤 사람은 융이 현대주의에 항복했다고 말하는 반면에, 우리는 그가 현대성의 쇠약해지는 영향력을 반격하려고 목회적 시도를 했다고 제안한다.[18] 융의 매우 세속화된 유럽의 상황에 대한 이해를 고려한다면, 그는 종교적 문제들에 흥미를 나타내지 않는 내담자들을 상담하면서, 어떻게 사람이 도덕주의적이거나, 교훈적이거나 혹은 설교적이지 않으면서 영성의 문제들을 제기할 수

---

17) John Rawls, *A Theory of Justice* (Cambridge, Mass.: Belknap Press of Harvard University Press, 1971).
18) 율라노프의 세 개의 에세이들을 따르는 에필로그에서, 우리는 융이, 우리가 추측하건대, 그의 반대방향의 제안들(counterproposals)에서 성공하지 못한 방법들 중에서 어떤 것들을 조사할 것이다.

있는가를 생각했다.[19] 융은 심리학자들이 그들의 내담자들의 무의식적인 경험들 안에서 초월적인 증거를 찾아볼 것을 제의했다. 마치 목사처럼, 융은 문화적 관점에서부터 현대적 개인의 심리적 조건을, 그리고 또한 치유의 관심을 가진 유럽 문명의 상태를 숙고했다. 현대인의 정신은 신비, 모호함, 그리고 모순을 내포할 수 없다는 것이 증명되었기 때문에 융은 치료에서 이 심리적인 상태들을 설명했을 뿐만 아니라 또한 그것들을 그의 성격이론에 포함시켰다. 그는 개인을 문화로부터, 합리적인 것을 비합리적인 것으로부터 분리시키려는 현대적 경향에 반대했다. 많은 현대인들과는 다르게, 융은 실제로 과거의 지혜와 비서구적 사고방식들에 가치를 부여했다. 목회자로서의 융은 희망적이었다.

융은 계몽 운동의 근거주의(foundationalism)의 교만과 확실성을 가진 강박성에 예언자적으로 반응했다.[20] 그는 단순한 표상적인 인식론(representational epistemology)에 동의하지 않았지만, 그러나 한 가지 자극의 경험은 그 자극이 표시하는 것보다 항상 더 많은 것을 가지고 있다는 것을 제안했다. 그의 제안은 기호들(signs)을 실재(reality)와 연결시키는 이론이 아니라 상징의 복잡성과 힘에 대해 고심하는 이론이었다. 융의 인식론은 실증주의적이지 않지만, 그러나 이야기, 꿈들, 환상, 명제적 진리, 그리고 윤리적 선언들을 충분히 포함할 수 있을 정도로 다양하다.

현대성에 대한 이 정렬된 반응들을 가정한다면, 우리는 융이 그의 시대의 문제들을 말했던 세 가지 목회적 방법들에 초점을 둘 것이다. 그는 세속적인 정신과 대비하여 종교적 정신을, 생각

---

19) Winston Gooden, "Spiritual Themes in Psychotherapy," in *Integrating Psychology and Theology: Reflections and Research*, ed. Alvin Dueck (Pasadena, Calif.: Fuller Seminary Press, 2006), pp.113-33.
20) Christopher Hauke, *Jung and the Postmodern: The Interpretation of Realities* (London: Routledge, 2000).

하건대 단일화된(unified) 현대적 정신을 넘어 복수의(plural) 정신, 그리고 지배권을 가진 자아(ego) 보다는 오히려 집단무의식의 급진적 타자성(otherness)을 강조했다. 우리는 각각 이들 견해들이 현대적인, 세속적인 심리학과 비교하여 파괴적인 것이라는 것을 보여줄 것이다.[21]

종교적 정신

과거 5세기들에 걸쳐 자기(self)를 설명하기 위해 사용된 종교적 언어는 중세적 정신에서 종교적 담화를 사용하지 않고도 설명되는, 현대적 정신으로 이동했다.[22] 고대적 정신은 성례의 질서를 내포하고 있지만, 현대적 정신은 그렇지 않다.[23] 현대적인 용어로 병리학은 초기의 외상의 결과, 결함 있는 조건화(conditioning), 혹은 생물학적 이상증세들, 자연적인 힘들의 결과이지, 영적인 것은 아니다. 세속적인 정신은 유전학, 사회적 조건화, 다른 사람들의 내사(introjection), 등에 의해 정의된다. 이 개념들을 인도하는 가정은 마음은 자연주의와 실증주의에 의해 잘

---

[21] 그러나 우리는 확실한 관점들에서 융은 현대적 사조를 초월하지 않는다는 것을 신속하게 인정한다. 보편적 상징들과 이미지들을 소유하고 있는 집단무의식에 대한 그의 견해와 개인적 정신에 대한 몰입은 현대주의자의 근거주의를 반영한다. 현대주의자의 양식 안에서 윤리와 도덕은 융에게 타고난 것이다. Jung, *Civilization in Transition*, vol. 10 of *The Collected Works of C. G. Jung*, trans. R. F. C. Hull (New York: Pantheon, 1958), paras.825-57을 보라.
[22] Alvin Dueck, "Integration and Christian Scholarship," in *Integrating Psychology and Theology*, ed. Dueck, pp. ix-xxviii; and *The Secular Revolution*, ed. Christian Smith.
[23] Philip Rieff, *My Life among the Deathworks: Illustrations of the Aesthetics of Authority* (Charlottesville: University of Virginia Press, 2006)

이해될 수 있다는 것이다. 종교가 심리학 안에서 언급될 때 그것은 유용한 것으로, 적응적 극복기제로서 이해되는 경향이 있다.[24] 인간의 경험 속에 있는 종교적 상징들은 어쩌면 누미노제(numinous)라기보다는 호기심을 자극하는(curious) 것으로 여겨진다. 인간의 자기에 관한 지식은 경전의 신성한 구절들에서 생긴 것이 아니라 일반화된 발견들과 함께 조심스럽게 통제된 연구에서 생성된 것이다.

현대 심리학은 종교적 정신을 발가벗겼지만, 융은 그렇게 하지 않았다. 그에게 영성은 인격에 통합된 것이지만, 그러나 이것에 대한 그의 고집을 주목하는 사람은 별로 없다. 프로이드는 *리비도(libido)*를 성적 에너지로 해석하는 반면에 융은 리비도를 *프뉴마(pneuma)*, 즉 영으로 보았다. 그는 성만찬, 삼위일체, 그리고 신정론(theodicy)의 심리적 의미를 연구했다. 그는 누미노제의 심리적 영향과 상징, 이미지들과 의례의 영적 힘을 지적했다.[25]

융은 집단적 인간의 저장소 안에 있는 심리학적으로 의미심장한 종교적 이미지들과 상징들의 보고가 20세에 와서 줄어들고 있다는 것에 관심을 가졌다. 그의 반응은 "우리 자신의 심리적 경험 안에 있는 동등한 것들을 발견함으로써 종교적 상징들의 진리들에 관계를 재설정하는 것"을 도울 수 있는 심리학을 발전시키는 것이었다.[26] 종교적 감각들을 담는 그릇들인 제도들이 사실상 사라짐과 더불어, 유일한 희망은 영적으로 살아있는 개인에게 있다. 그러나 융은 개인 안에 있는 영성은 새로운 해석적 구

---

24) Joel James Shuman and Keith G. Meador, *Heal Thyself: Spirituality, Medicine, and the Distortion of Christianity* (Oxford: Oxford University Press, 2003); and Alvin Dueck, "Thick Patients, Thin Therapy, and a Prozac God," *Theology, News, and Notes* 53 (2005): 4-6.
25) Jung, *Psychology and Religion*: West and East, vol. II of *The Collected Works of C. G. Jung*, trans. R. F. C. Hull (New Yoke: Pantheon, 1958)을 보라.

조를 필요로 한다고 주장했다. 하나님은 상징들, 꿈들, 그리고 환상들, 개혁주의 전통이 "일반 은혜"라고 일컫는 일종의 일반계시를 통해 우리에게 다가올 수 있다.27)

융에게 신경증은 의미의 상실을 가져오는, 정신의 종교적 본능을 진지하게 받아들이지 않는 것을 포함하고 있다. 익명의 알코올 중독자 모임(Alcoholics Anonymous)의 창시자들과의 대화에서 알코올 중독은 영적 문제라는 것을 지적한 사람은 바로 융이었다.28) 영성과 종교적 전통들에 대한 융의 근본적인 개방성은 치료사들에게 "영성에 유의할 것"을 격려한다.29) 그는 그것을 영혼의 치유(cura animarum)라는 우리의 언어로 말한다.

융의 초기의 삶을 재고하는 것은 그가 결국 긍정했던 일종의 영성에 대한 통찰력을 제공한다. 특별히 그의 부모들과의 초기의 경험들의 상황에서 나온 그의 종교적 교육은 융에게 특히 의미 있는 영향력을 미쳤다. 융의 삼촌들 중에 8명은 성직자들이었고, 그의 가장 초기의 놀이터들은 교회 소유지이었다. 가계 내의 그의 아버지 쪽으로부터 융은 스위스 크리스챤 청년의 공식적인 종교적 교육을 받았다. 그러나 융은 그의 아버지의 종교적 안정성과 완전히 대조적으로, 그의 어머니를 정서적으로 예측할 수 없는, 가끔은 깜짝 놀라게 만드는 사람으로 경험했다. 그의 어머

---

26) Ulanov, "Jung and Religion: The Opposing Self," in *The Cambridge Companion to Jung*, ed. Polly Young-Eisendrath and Terence Dawson (Cambridge: Cambridge University Press, 1997), p. 297.
27) Richard J. Mouw, *He Shines in All That's Fair: Culture and Common Grace* (Grand Rapids: William B. Eerdm문, 2001).
28) Jung, in a letter to Bill Wilson, January 30, 1961. "Spiritus contra Spiritum: The Bill Wilson/C. G. Jung Letters: The Roots of the Society of Alcoholics Anonymous," *Parabola* 12 (1987): 68을 보라.
29) Randall Lehmann Sorenson, *Minding Spirituality* (Hillsdale, N.J.: Analytic Press, 2004).

니의 할아버지는 신비하고 불가사의한 종교적 현상들에 더 정통한 사람이었다. 이 상반되는 영향력들은 결국 융 안에 양립할 수 없는 믿음들과 정서들을 가져왔고, 이것들은 나중에 그의 정신의 이론에 반영되었다.30)

융은 그의 어린 시절의 종교적 경험들과 평행을 이루는 그가 나중에 받은 학문적 교육 안에서 이중성을 경험했다. 그의 교수들은 철저하게 실증주의적 과학을 믿었다. 바로 이런 맥락 안에서 융은 경험적 학문을 식별하게 되었고, 이것은 그의 초기의 연구에 임상적 사례 역사들, 진단들, 그리고 투사적 검증의 공식을 알려주었다. 실증주의적 철학과 대조적인 것이 낭만주의였는데, 낭만주의의 번영은 융에게 그의 성격의 영적 요소들을 만족시키는 풍부한 대안을 제공했다. 의학적 저술들과 나란히, 그는 임마누엘 칸트, 게오르크 빌헬름 헤겔, 아르투어 쇼펜하우어 그리고 프리드리히 니체를 포함한 낭만주의 운동에 크게 영향을 받았던 사상가들의 철학적 저술들을 탐독했다.31) 어린 시절과 함께 성인 시절에 학문적으로 배웠던 이 상반되는 영향력들은 융이 그의 영혼의 중심에서 느꼈던 지속적인 갈라짐(bifurcation)을 우리가 이해하도록 돕는다. 그는 인격의 각 반쪽에 이름을 제공함으로써 이 내적인 분열을 표현했다.32) "인격 1호"(Number 1)는 그의 개혁주의적 훈육의 합리주의와 마찬가지로 또한 그의 학문적 교육

---

30) 예를 들면, 대극들(opposites)의 통합으로 번역되는 *coniunctio oppositorum* 은 그의 정신의 양식 안에 건강한 심리적 기능을 위한 중심적 구성요소가 되었다.
31) 그와 같은 영향력들은 융의 원형들의 개념에 끼친 칸트의 사고의 *선험적(priori)* 범주들, 융의 화해하는 심인적(intrapsychic) 대극들의 개념에 끼친 헤겔의 변증법적 방법, 그리고 인간의 심리학의 더 어두운 요소들의 융의 관심에 끼친 니체의 비극의 이해를 포함한다.
32) Jung, *Memories, Dreams, Reflections*, trans. Richard and Clara Winston (New York: Vintage Books, 1961), pp. 45-46.

의 가혹한 실증주의를 반영했다. 다른 한편으로 "인격 2호" (Number 2)는 그의 영혼의 어두운 하복부(underbelly)를 드러냈다. 낭만적 사고, 신비주의, 그리고 인간 존재의 더 어두운 측면들에 관심을 가졌던 것은 융의 성격의 이런 차원 때문이다.

융의 젊은 시절 동안 기독교적 사고의 팽배한 영향력에도 불구하고 종교에 대한 그의 견해들은 그의 부모들의 견해들로부터 멀리 거리를 두었다. 그의 관점들은 또한 정신분석학의 시조, 지그문트 프로이드가 견지하고 있었던 것들과 크게 달랐다. 지그문트 프로이드는 종교를 문화적 초자아의 과도한 요구들에 비추어 부모의 위로하는 현존(soothing presence)을 바라는 유아적 소망들을 충족시키는 것으로 해석했다.[33] 그러나 융에게 종교는 정신을 위한 치유적인 잠재력을 가지고 있었다. 그는 종교가 파편화된 정신의 변형을 위해 필수적인 신화들과 이미지들을 제공하는 것으로 보았다.

이것은 융이 실용주의적 관점으로 종교를 사고했다는 것을 말하는 것이 아니다. 오히려 융의 전체의 연구 과제에 근본적인 것은 인간은 본질적으로 종교적 존재라는 가정이었고, 이것은 20세기의 지배적인 심리학적 이론가들 중에서 전례가 없는 주장이었다. 그러나 인간을 전형적으로 영적인 존재라고 보는 견해는 기독교 사상의 역사 안에서 반복적으로, 바울, 어거스틴, 그리고 요한 칼빈과 같은 신학적 인물들에 의해 명백하게 주장되어왔다.[34]

---

[33] Freud, *The Future of an Illusion* (New York: Norton, 1928/1989).
[34] Paul, Romans 1:18-31; Augustine, *Confessions* (Oxford: Oxford University Press, 1991); 그리고 Calvin, *Institutes of the Christian Religion*, trans. Henry Beveridge (Grand Rapids: William B. Eerdmans, 1953), 1.1.1-3을 보라.

복수의 정신(Plural Psyche)

인간의 영혼은 나눌 수 없는 단일성(unity) 혹은 충돌하는 복수성(plurality)인가? 아리스토텔레스 이후로 영혼은 나눌 수 없는 것으로 여겨졌다:

> 어떤 사람은 영혼은 나눌 수 있고, 그리고 영혼의 한 부분은 생각하고, 다른 부분은 욕구한다고 말한다. 자연적으로 나눌 수 있다면, 그럼 영혼을 함께 지탱하는 것은 무엇인가? 확실하게 그것은 육체가 아니다: 그 반대로 영혼은 오히려 육체를 유지시킨다; 하여튼 영혼이 사라질 때 육체도 공기로 해체되고 쇠퇴한다. 그럼 영혼의 단일성이 다른 어떤 것 때문이라면, 그 다른 것은, 적절하게 말해서, 영혼일 것이다. 왜 영혼에 단일성을 돌릴 수 없는가?[35]

수많은 세기들 후에 현대 심리학의 건축가들 중에 한 사람인 존 로커(John Locke)는 정체성은 아무리 시간이 지나도 자기의 동일성을 의미한다고 단언했다.[36] 자율적인 계몽주의의 영혼은 희귀하고 단일하다. 영혼의 힘은 실체가 없는 사고이기 때문에 영혼은 단일하다는 결론이 나온다. 프랑스의 실존주의자 쟝 폴 사르트르는 사람 안의 분리의 개념을 부정했는데, 그것은 그와 같은 개념이 개인의 절대적인 자유와 책임감을 부정할 구실들을 위한 토대를 만들 수 있다는 것을 믿었기 때문이다.[37] 영혼의 단

---

35) Aristotle, *De Anima* (Oxford: Clarendon Press, 1961), vol. 1, 411b.
36) Locke, *An Essay Concerning Human Understanding* (New York: Dover Publications, 1959).
37) Sartre, *Of Human Freedom* (New York: Philosophical Library, 1967).

일성은 기독교 전통의 어떤 부분들에서 분명하게 발견되는 개념이다. 결국 하나님은 각 육체에 영혼으로 불리는 개인적이며, 비물질적인 실체를 제공하지 않았는가? 주요한 실증주의자, 심리학자들과 종교주의자들에게 병리적인 해리(dissociation) 혹은 악마적 빙의(possession)의 형식으로 나타나는 분열된 의식은 저주와 같다. 게다가 생각하건대 인간의 행동에 영향을 미치는 무의식은 경험주의적 심리학자에게 신화와 같다. 우리를 형성하는 부정적이고 긍정적인 힘들이 있기는 하지만, 그것들이 우리 내에 하위-성격들(sub-personalities)을 구성하는 것은 아니다.

그럼 이 복수성은 무엇인가? 그것은 무엇으로 구성되는가? 융은 한 개인 내에 자아와 무의식, 그림자와 원형적 경험들, 남성적인 것과 여성적인 것을 분리된 심리적 실재들로서 설명한다. 그에 앞선 프로이드처럼, 융은 정신을 경쟁하는 힘들, 모순되는 부분들, 상반되는 성격들이 함께 투쟁하는 것으로 보았다. 융의 복수의 정신은 콤플렉스들로 구성되어 있고, 그것들은 무의식적인 경험과 의식적인 경험 사이의 상호작용으로부터 생기는 "감정적 색조를 띤 표상들의 집단들"이다.[38] 콤플렉스는 융이 "작은 사람들"(little people)이라고 말하는 토대이며, 이 콤플렉스들은 일정 양의 응집력과 자율성을 가지고 있다. 콤플렉스들은 "쪼개진 정신들"(splinter psyches)이다.[39] 릴케(Rilke)는 "산산이 부서진 존재들은 작은 부분들(bits)과 조각들(pieces)에 의해 가장 잘 표현된다"고 말했다.[40] 융은 내면의 다양성이 필연적으로 병리적인 것

---

[38] Jung, *Experimental Researches*, vol. 2 of *The Collected Works of C. G. Jung*, trans. R. F. C. Hull (Princeton: Princeton University Press, 1973), paras. 329, 352.
[39] Jung, *The Structure and Dynamics of the Psyche*, vol. 8 of *The Collected Works of C. G. Jung*, trans. R. F. C. Hull (Princeton: Princeton University Press, 1970), para. 253.
[40] Rilke, quoted in Zygmunt Bauman, *Postmodern Ethics* (Oxford: Blackwell, 1993), p. 1.

이 아니고 잠재되어 있는 재능이라고 믿었다. 정신이 복수라는 이 이해는 융이 현대성의 무례에 대해 목회적으로 그리고 예언적으로 반응했던 한 가지 이상의 방식이다.

우리는 자아(ego)와 함께 성격들의 배역에 대한 우리의 분석을 시작하는데, 융에게 이 자아는 "나의 의식 분야의 중심을 구성하고 높은 수준의 계속성과 정체성을 소유하는 것으로 보인다."[41] 자아는 일반적으로 3세 혹은 4세에 나타날지라도, 사람은 노력의 지속적인 행동들을 통해 세상에서 "성공하는 것"을 추구하는, "영웅적" 자아를 발달시키기 위해 인생의 절반을 보낸다. "자아는 모든 시도들이 의지에 의해 성취되는 데까지 적응하려는 모든 성공적 시도들의 주체이다."[42] 더욱이 자아는 내향성과 외향성, 사고와 감정, 감각과 직관과 같은, 외부적 실재와의 관계에서 생겨나는 어떤 지배적인 성격 특질들(traits)과 전형적으로 동일하다. 이 모든 것에서 우리는 자율적이고 방해 받지 않는 현대적 자아의 탁월한 서술을 발견한다.

융은 다른 심리적 실재를 가지고 한 걸음 더 나아갔다. 의식의 중심임에도 불구하고, 자아는 미지의 것, 무의식과 직면할 때 그 자체의 한계들을 발견한다. 그것은 영향을 끼치는 내적인 힘에 의해 "움직여진다"는 것을 스스로 경험한다. 두 가지 차원들이 자아 통제의 이 내적인 전복에 가담한다. 하나는 개인적 무의식인데, 이것은 의식적 자각으로 충분히 통합되는 데 실패한 성격의 열등하거나 혹은 발달되지 못한 요소들을 포함하고 있다. 두 번째 차원은 초월적인 것의 내적인 경험, 존재의 더 통합된 방식

---

41) Jung, *Psychological Types*, vol. 6 of The Collected Works of C. G. Jung, trans. R. F. C. Hull (Princeton: Princeton University Press, 1974), para. 706.
42) Jung, *The Archetypes and the Collective Unconscious*, vol. 9a of *The Collected Works of C. G. Jung*, trans. R. F. C. Hull (Princeton: Princeton University Press, 1969), para. 11.

들에의 소명을 저장하고 있는 초인간적 혹은 집단적 무의식을 포함한다. 초월적인 것에 대한 이 직면은 자아에게 그 자체보다는 더 높은 것에 굴복할 의무를 부과한다. 건강한 심리적 발달은, 융에 의하면, 정신 내에 나타나는 열등하거나 초월적인 힘들의 의식적 인식을 위한 능력을 높일 것을 요구한다. 헤겔의 방식으로는 자아는 대극들을 포함하고 새로운 창조적 대안을 발생시킨다. 중년의 위기들의 이유는, 융에 의하면, 사람들이 성공을 추구하면서 세상에 대한 외부적 지향성(external orientation)에 그들의 인생의 절반이라는 많은 시간을 소비하기 때문에 그들은 그들의 비자아적인 부분들(non-ego parts)에서 더 큰 전체성(wholeness)으로 나아가는 소명을 인식하는 데 실패하기 때문이다.

이 열등한 성격 특질들은 융이 그림자, "사람이 되고 싶지 않은 어떤 것,"[43] 사람이 숨기려고 시도하는 "모든 불행한 특성들의 총합"[44]이라고 부르는 것으로 무의식 속에 잠복해 있다. 우리가 스스로 거절하는 그림자는 악의 요소들과 또한 매우 긍정적인 요소들을 내포하고 있다. 그러나 부정적인 것이 인정되지 못할 때 그림자는 하위-성격(sub-personality)으로 그 자체의 생명력을 발전시켜 외부 세계 안의 대상 혹은 사람에게 무의식적으로 투사될 수 있다. 자신의 그림자를 인정하는 데 실패하는 것은 다음의 사례에서 증명되는데, 예를 들면 어떤 목사가 세상의 "오물"을 제거하기 위해 싸우면서 포르노그래피에 대해 맹렬한 혐오를 외부적으로 보이지만; 그러나 이 똑같은 개인은 동시에 포르노그래피 혹은 은밀한 관계를 가지는 것을 상상으로 즐길 수

---

43) Jung, *The Practice of Psychotherapy*, vol. 16 of *The Collected Works of C. G. Jung*, trans. R. F. C. Hull (Princeton: Princeton University Press, 1966), para. 470.
44) Jung, *Two Essays on Analytical Psychology*, vol. 7 of *The Collected Works of C. G. Jung*, trans. R. F. C. Hull (Princeton: Princeton University Press, 1966), p. 66n.

있다. 악의 실재 혹은 악에 저항하는 개인들의 권리를 확실히 부정하지 않으면서도, 융은 그 혹은 그녀가 특히 "나쁜" 행동을 본 것으로 인해 그 사람이 망상에 사로잡히는 것에 대해 관심을 가졌다. 다음과 같은 질문이 생긴다: 우리는 다른 사람 안에서 매우 분명하게 악을 보는 것만큼 우리 자신들 안에서 어떤 악을 부정하지는 않는가?

융에 의하면, "모든 사람은 그림자를 가지고 있고, 그것이 개인의 의식적 삶 속에서 적게 구체적으로 표현될수록 그것은 더 검고 더 짙다."[45] 이 심리적 현상은 다른 사람의 눈에 있는 "티"를 말하기 전에 자신의 눈에 있는 "들보"를 생각할 중요성을 강조한다(마태7:3).

우리는 이제 융이 보았던 그대로 정신 속에 있는 심지어 더 위대한 복수성의 실례인 원형적 이미지들 쪽으로 나아간다. 원형들은 이미지들, 지혜와 놀라움들의 물려받은 저수지인 집단적 무의식을 구성한다. 융은 변화하는 신화들과 종교적 이야기들 가운데 공통적인 주제들을 발견했다. 다윈의 진화론에 기초를 두고, 융은 다시 발생하는 주제들은 생물학적으로 기초한 본능들과 유사한 심리적 유산을 표현했다는 것을 주장했다. 융은 "원형"이라는 말을 이 정서를 실은 이미지들을 설명하기 위해 사용했는데, 이것들은 콤플렉스들 혹은 하위-성격들 안에 무리를 지어 자리를 잡는다.

그 자체들 안에서 원형들은 어떤 특정한 내용이 결여되어 있고, 그리고 그것들은 구체적인 표현을 발견할 수 있는 어떤 상징 혹은 이미지를 요구한다. 원형적 이미지는 무의식이 의식적 삶의 구체적 경험들 안에서 문화적 표현을 발견하게 하는 수단들이다.

---

45) Jung, *Psychology and Religion: West and East*, para. 131.
46) Jung, *Psychological Types*, para. 745.

"이미지는 하나의 전체로서의 심리적 상황의 응축된 표현이다." 46) 융은 원형적 이미지들이 표현될 수 있는 여러 가지 방법들을 주목했다. 예를 들면 완전성과 무한성의 이미지인 원은 신성을 묘사하는 상징으로 사용되어왔고 자기 원형(Self archetype)을 반영한다. 이 이미지는 *신성한 희극(Divine Comedy)*에서 단테의 하나님의 만남을 묘사하기 위해 구스타브 도레(Gustav Dore)에 의해 사용되었다; 그것은 또한 불교에서, 만다라(mandala)로 불리는 복잡한 원형의 무늬로 사용된다. 가끔 원형적 이미지들은 "죽음-재탄생"의 이야기와 같은 종교적 이야기들 안에서 표현된다. 사람이 단지 새로운 존재로 다시 태어나기 위해 오래된 정체성이 죽는 과정은 기독교 안에 세례와 부활의 경험 안에서 발견된다. 이 종교적 규정은 자아가 세상의 거짓의 통제를 그만두는 것을 배우고 자기의 부름에 항복할 때의 심리적 경험과 서로 관계가 있다.

다른 복수성은 심리적 실재들로서 남성적인 것과 여성적인 것의 실례에서 볼 수 있다. 이것은 개인들이 가끔 인정하는 데 실패하는 특별히 영향을 끼치는 원형이다. 융은 이것을 영혼-이미지(soul-image)라고 부른다. 사람의 영혼-이미지는 무의식의 지배적인 남성적인 혹은 여성적인 지향성(orientation)을 나타내고, 그리고 자신의 성격의 거울 대극(mirror opposite)으로 묘사된다. 이리하여 남자들에게 영혼-이미지는 가끔 여성으로 인격화되고, 그리고 여자들에게 남성으로 인격화된다. 영혼-이미지들은 헤라클레스와 트로이의 헬렌, 혹은 더 현대적인 할리우드의 실례들이 되는 브래드 피트와 맥 라이언과 같은 어떤 "남성적인" 그리고 "여성적인" 인물들을 통해 신화 속에서 표현된다. 영혼 안에 있는 복수성은 남성적인과 여성적인 것 사이의 유희(play)를 포함한다. 영혼-이미지는 자아에게 이질적이고 상반되는 실체(entity)

로 경험되기 때문에, 그것은 무의식적으로 외부적 실재(reality)로 빈번하게 전치되고(displace), 대개 가끔은 정반대의 성을 가진 사람에게 전치된다. 그와 같은 상황들에서 성애의(erotic) 매력들은 다른 사람이, 자신의 영혼-이미지의 모든 특징들을 구체적으로 표현하면서, 결국 누미노제(numinous)로서 지각되게 된다. 정신은 그 안에 대극과 연합하고 싶은 갈망을 불러일으키는 전체성을 향한 내적인 욕동을 포함한다. 그러나 자아가 이 내부의 부름을 인정하는 것에 실패했을 때 심리적 에너지는, 남성이든 혹은 여성이든, 실재하는 다른 것으로 전치된다. 우리의 영혼-이미지가 무의식으로부터 발산한다는 것을 인정하고 확인하지 못하는 실패는 우리가 다른 사람이 우리의 원형적 환상들에 맞지 않는다는 것을 발견할 때 결국 완전한 환멸을 가져올 수 있다. 그러나 그와 같은 위기들은 우리가 우리 안에 결핍되어 있는 것과 외부로 투사하고 있는 특성들이 어떤 것들인지를 배우는 기회를 제공한다. 그 결과 남자는 그의 더 "여성적 특성들"을 알 수 있고, 여자는 그녀가 인정하지 못하는 "남성적" 특질들을 통합하는 것을 시작할 수 있다.

다른 특출한 인격화된 이미지들은 우리의 내면의 복수성을 형성할 수 있다. 그것들은 신화, 꿈들, 그리고 늙은 현자/노파, 영웅과 광대를 포함한 이미지들 안에서 외부적인 일상적 경험의 영역들을 통해 우리에게 접근한다. 인기 있는 사례를 든다면, 영화 *스타워즈(Star Wars)* 시리즈는 융의 원형들에 기초한 이야기를 의도적으로 재연한 것이다.[47] 영화 속에서 루크 스카이워크(Luke Skywalker)는 영웅의 현신을 대표하고, 오비완 케노비(Obi-Wan

---

[47] 스타워즈의 제작자이며 감독인 조지 루카스는 융의 이론에 의해 직접적으로 영향을 받아 저술을 쓴 문화인류학자 조셉 캠벨의 사상들에 의해 매우 크게 영향을 받았다.

Kenobi)는 늙은 현자를 구현하고, 그리고 씨-쓰리피오(C-3PO)와 알투-디투(R2-D2)는 광대 원형을 반영한다. 다스 베이더(Darth Vader)와 같은 불길한 인물은 그림자의 원형적 이미지이고, 반면에 힘(Force)의 신비적 개념, 우주의 편재하는 창조적 에너지는 자기의 신-원형의 이미지이다. 스타워즈에서 발견된 것들과 같은 인격들은 특별한 이야기들 자체보다는 더 깊은 에너지가 모인 심층을 건드린다. 다른 말로 표현하면 이 영화들에서 그와 같은 정감적 개입을 끌어내는 것은 이야기들이 특별한 문화의 집단적 정신과 함께 가지고 있는 효능 있는 공명 때문이다. 그것들은 우리들이 우리의 정신들 안에서 발견되는 영웅, 악한, 혹은 지혜의 근원과 동일시하는 것을 허락한다. 이것은 또한 해리 포터, 반지의 제왕, 나니아 연대기 그리고 다빈치 코드와 같은 영화들 안에 있는 신화적 이야기들이 가지고 있는 매혹을 설명한다. 각 영화는 우리의 복수의 정신들 안에 있는 부분적인 자신의 모습들을 우리가 접근할 수 있도록 허용하는 인물들과 각본들을 제공한다.

이 많은 정체성들을 고려할 때, 질문이 자연스럽게 생긴다: 무엇이 정신을 유지시키고 있는가? 융은 무의식의 여러 가지 원형적 이미지들과 부분들을 정신과 통합시키기 위해 자기에 의한 일생에 걸친 투쟁을 "개성화"라고 부렸다. 이것은 사람이 정신의 모든 부분들의 분화와 통합을 통해 자신의 충만한 실현을 추구하기 위한 과정이다. 이리하여 자아는 집단무의식의 어떤 특별한 요소와 동일시하는 것을 포기하는 동시에, 모든 요소들의 현존을 전체적 정신 부분으로서 수용한다. 개성화가, 분화에 대한 강조와 함께, 개인주의의 개념과 비슷할지라도, 두 가지는 사실상 융에게 매우 다르다: "개인주의는 집단적 고찰들과 의무들보다는 오히려 어떤 가정된 특이성을 일부러 강조하고 그것에 탁월성을 주는

---

48) Jung, *Two Essays on Analytical Psychology*, para. 267.

것을 의미한다. 그러나 개성화는 정확하게 집단적 특성들의 더 좋고 더 완전한 완성을 의미한다.48)

이런 유형의 발달에서 사람은 파편화된 정신을 통합하는 평생의 과정을 통해 더 완전히 실현된다. 이 파편화된 부분들의 치유는 대극들의 화해를 포함한다. 정신은 항상 이 대극들 사이에서 보상을 추구하는 과정 안에 있는데, 이것은 다른 심리적 특성들의 연합으로서, 가끔 만다라의 꿈들 혹은 양성의 인물과 같은 신화 속에서 상징적으로 표현된다.

융에게 정신은 복수이다—그것은 많은 부분들로 구성되고, 각 부분은 통제를 위해 서로 다툰다. 정체성의 복수성을 인정하는 것은 자신의 파산도 성장의 가능성도 모두 인정하는 것이다. 이 복수를 수용하는 것은 사람이 자기들(selves)의 이 내적인 집합을 잘 돌본다는 것을 인정하는 것이다.49) 크리스챤들은 융이 성례화된 영혼(sacralized soul)의 구조를 상기시켜주기 때문에 융의 글을 읽어야 한다.50) 고대 근동의 정신은—비록 완전하지는 않을지라도—융의 저술에서 기술된 정신과 어떤 유사점들을 가지고 있다. 신약성경 안에 있는 바울을 인용하면서, 버거(Berger)는 "속사람"은 어떤 안정되고 지속적인 본성이 아니고 오히려 보이지 않는 종말론적 정체성(고후4:16)이라고 진술한다.51) 바울은 개인의 통일된 정체성을 가정된 실체가 아니라 *성취될 미래의 희망*으로 이해한다. 이것은 그 통일이 구성하는 특수성들이 수천 년을 지나도 또한 똑같다는 것을 암시하는 것이 아니고, 오히

---

49) Alvin Dueck, *Between Jerusalem and Athens: Ethical Perspectives on Culture, Religion, and Psychotherapy* (Grand Rapids: Baker, 1995), chap. 11을 보라.
50) Klaus Berger, *Identity and Experience in the New Testament*, trans. Charles Muenchow (Minneapolis: Fortress Press, 2003).
51) Berger, *Identity and Experience in the New Testament*, p. 8.

려 융의 사고가 현대의 심리학자들이 상상하는 것보다 고대인의 영혼의 견해들과 진정으로 더 어울린다는 것을 암시할 만큼 충분히 의미론적이고 실제적인 일치가 있다는 것을 의미한다.

정신 안에 있는 타자

이 내적인 복수가 융이 제기하는 다른 긴박한 목회적 문제들을 가져온다: 정신 내에 있는 타자의 장소. 타자는 이해하려는 자아의 지배를 벗어나는 경험의 요소들로서 단순하게 정의될 수 있다. 타자는 개념화를 피하지만, 그러나 그것은 인간의 경험에 근본적이다.

그러나 현대의 자아는 과거의 수세기들에 걸쳐 "자라왔다." 지금 전통에 의해 방해를 받지 않은 채 그것은 그 독특성, 자율성과 자기 충족성 안에서 자신을 드러낸다.52) 이것이 통제 안에 있는 자아이다. 다른 사람은 자기 자신의 확장으로서, 똑같은 것으로서 지각된다.53) 다른 사람이 사실로 다르다는 것은 위협이다. 다른 것의 신비는 길들여진다.

자아가 자기에 수동적인 수용성(passive receptivity)을 개방한다면 완성은 가능하지만, 그러나 수동성과 수용성의 개념들은 우리의 현대적 감수성들을 분열시킨다. 현대의 정신은 세계를 동화시키며 필요할 때 그것에 적응하는 행동적, 실용적인 행위자이다. 포기하거나, 복종하거나 혹은 직면하는 경험들은 자율성을 추구하는 현대의 개인적 경향과 충돌한다. 그러나 융이 상세하게 설

---

52) Taylor, *Sources of the Self*.
53) Emmanuel Levinas, *Otherwise Than Being: or, Beyond Essence*, trans Alphonso Lingis (Boston: M. Nijhoff, 1981).

명했던 것은 정확하게 이 교만과 타자와의 만남이다. 합리적 자아를 뒤집어엎는 타자의 경험은 심리적 전체성의 근원이며 절정이다. 예수가 그 자신의 생명을 구하려고 하는 사람은 그것을 잃게 될 것이라고 경고하듯이(마16:25), 융은 이 목회적 반응을 제안한다.

융의 접근은 심리학의 분야에 타자의 기묘한 경험을 토론으로 되돌아오게 한다. 정신의 조직 내에 합리적 자아가 이해하지 못하는 무의식이 있다. 융은 정신의 내부적인, 초월적인 힘, "내가 아닌"(Not-I) 이 경험을 자기라고 언급한다. 자기는 심리적 기능의 전체성을 조직하는 데 있어서 중추적인 역할을 한다. 융의 말에 의하면 자기는

> … 당연히 그것은 우리의 이해력을 초월하기 때문에 우리가 그대로 다 파악할 수 없는, 알 수 없는 본질을 표현하는 데 이바지하는 구조이다. 그것은 "우리 안에 있는 하나님"으로 동등하게 불릴 수 있다. 우리의 모든 정신의 삶의 시작들은 이 지점 안에 뒤엉킨 채 뿌리를 내리고 있고, 그리고 우리의 모든 가장 높고 궁극적인 목적들은 그것을 향해 노력하는 것이다.[54]

자기를 통해 정신 안에 있는 신성한 것의 현존을 반영하는 신-이미지들(god-images)은 출현한다. 그러나 현대의 개인들은 인식론적으로 이성의 환원주의적 형식들—예를 들면, 과학적 물질주의— 에 대한 그들의 신앙 때문에 그와 같은 경험들을 쉽게 잊어버린다. 이것이 그들을 초월적인 것의 부름에 음치가 되게 만

---

54) Jung, *Two Essays on Analytical Psychology*, para. 399.

든다. 융은 현대인 속에 있는 이 버릇을 인정했고 신성한 음성을 억압하는 문명이 초래할 결과들을 두려워했다.

자기의 출현에서 결정적인 것은 자아가 중심성에서 벗어나는 것(de-centering)이며, 이것은 사람이 꿈들, 환상들과 증후들을 통해 자신의 정신의 미지의 부분들을 직면하도록 강요받을 때 일어나는 과정이다. 자기는 의식과 무의식 사이의 대화를 요구한다. 모순들과 개인적 실패들을 헤치며 나아갈 때 심리적 치유와 변형은 일어날 수 있다. 이 자기의 활동이 융이 초월적 기능이라고 불렀던 것이다. 의식과 무의식 사이의 다리의 역할을 함으로써 자기는 개인이 자아에 의해 표현되는 지배적인 성격 특질들의 일방성을 넘도록 돕는다. 삶의 고뇌 속에서, 삶의 모순들이 주는 고통을 겪으면서, 자아를 비중심화하면서, 심리적으로 더 통합된 새로운 태도, 존재의 새로운 방식은 태동한다. 융은 말하기를, "나는 나의 환자들과 학생들이 내면으로부터 그들에게 가해지는 직접적인 요구를 수용할 수 있는 지점에 이르기까지 그들을 교육시키는 것이 나의 과업과 의무라고 여긴다."[55] 타자와 융의 자기의 개념을 연결하면서 율라노프는 말하기를,

> 자기는 자아보다 다른 현존 혹은 실체로서 그 자신을 알리지만 그러나 자아에게 직접적이고 원대한 개인적인 영향력을 가지고 있다. 여기에서 타자(other)란, 그 목적들, 요구들, 혹은 자아에 대한 필요들을 말하는 객관적 "사람"으로서 경험되는 자아와 충분히 다르게 느껴지는 것을 의미하지만, 그러나 그것은 자아와 너무나 비슷하고 자아가 그

---

55) Jung, *Letters*, 2 vols., ed. G. Alder and A. Jaffe, trans. R. F. C. Hull (Princeton, N.J.: Princeton University Press, 1973 and 1975), vol. 1, 26 May 1945, p. 41.
56) Ann Ulanov, "The Self as Other," in *Carl Jung and Christian Spirituality*, ed. Robert L. Moore (New York: Paulist Press, 1988), p. 46.

현존에 의해 개인적으로 영향력을 느끼는 것과 연결되어 있다.56)

초월적인 기능을 자기와 그것의 활동에 대한 이러한 개념은 융에게 심리적 현상들의 표현이 순전히 병리학에서부터 풍겨 나오는 것이라기보다는 오히려, 전체성과 변형을 향한 내적인 욕구라고 해석할 수 있는 유용한 해석학을 제공했다. 따라서 불안 혹은 우울증은 자기가 그 지배가 적극적으로 붕괴를 촉진시킬 수 있는 포학한 자아로부터 해방을 찾는 것으로 이해되어야 한다. 그렇다면 증후들은 잠재적으로 전체성을 증진시키는 데 도움이 되는 자기로부터의 선물이다.

융에게 누미노시티(numinosity)는 가끔 자기의 출현을 연상시킨다. "그것은 그 창조자라기보다는 오히려 항상 그 희생자인 인간의 주체(subject)를 붙잡고 통제한다. 누미노즘*(numinosum)*은 주체가 그의 의지에 의존하는 경험이다."57) 자아가 누미노제적 자기(numinous Self)에 수용되는 것은 십자가의 성 요한(St. John of the Cross)과 같은 위대한 신비주의자에 의해 설명된 하나님을 향한 영적 여정과 비슷하다. 하나님-이미지(God-image)의 보유자로서 누미노제적 자기는 또한 *하나님의 형상(imago Dei)*의 기독교 신학적 개념과 유사하다.58) 융의 자기와 유대-기독교적 일신론의 분명한 동일시는 제임스 힐만(James Hillman)과 같은 후기 융학파들(post-Jungians)의 반응에서 명백한데, 그는 일신론보다는 오히려 헬레니즘의 다신론이 자기의 적절한 토대라고 가정했다.59) 힐만이 볼 때, 일신론은 전체주의와 상상력의 죄어드는 느

---

57) Jung, *Psychology and Religion*: West and East, para.6.
58) Jung, *Memories, Dreams, Reflections*, p. 382.
59) Hillman, *Archetypal Psychology* (Putnam, Conn.: Spring Publications, 2004).

끰에 너무나 쉽게 살그머니 빠져 들어간다. 융의 자기는 단일성(oneness), 일신론 안에 내포된 일치 쪽으로 쏠리는 경향이 있다.

융의 사상을 닮은 버거(Berger)에 의해 주목된 성경적 정신성(mentality)의 다른 구별된 특징은 "타자의 차원을 향한 선언된 개방성"이다.60) 신성하고, 거룩하고, 그리고 전적으로 타자이었던 것은 고대인들에게 말했고 그들의 경험들과 정체성을 알렸다. 사람은 성경에서 발견된 이 타자의 개념과 융의 자기의 개념 사이의 유사점을 과장하지 않도록 주의해야 한다. 그러나 초월성이 치료적 맥락에서 말할 수 있는 길을 열면서, 현대의 종교적 심리학자들은 융이 정신의 삶 안에서 누미노제적 경험들을 명석하게 표현하는 것만큼 신성한 질서가 우리에게 말할 수 있는 그와 같은 넓은 길을 열지 않는다. 버그가 신약성경의 심리학에서 설명하는 것은, 융이 직관했듯이, 현대성 안에서 결핍된 것이라는 것을 알 수 있다. 융은 우리가 성례의 심리학(sacral psychology)을 발견하고, 정신에서 그리스도 안에 있는 하나님의 부름을 더 분명하게 유도할 수 있도록 도울 수 있다.

그렇다면 왜 복음주의자들은 융을 읽어야 하는가? 요약하면 우리는 현대성의 영향력에 대한 융의 비판이 예언적이면서도 또한 목회적이라는 것을 시사했다. 세속적인 정신을 당연한 것으로 단순하게 수용하기보다는 오히려, 융은 영성을 위한 자리를 창조했다. 융은 다양한 현대의 심리학적 이론들 안에 여전히 우세한 획일적인 자아(monolithic ego)와 대조적으로 복잡한 복수의 정신을 위한 장소를 마련했다. 그는 우리가 인정하는 것보다 더 파편화되어 있다는 것을 암시함으로써 그리고 친숙한 것으로 환원될 수 없는 정신 안에 있는 타자를 지적함으로써 자율적인 자아를 상대화했다.

---

60) Berger, *Identity and Experience* in the New Testament, p. 12.

현대성으로 무장한 종교심리학자들에게 융의 접근은 공격적인 것으로 경험되어진다. 1989년에 하이델베르크에서 강의를 하면서, 유대인 철학자 야콥 타우베스(Jacob Taubes)는 논평하기를, "나는 현대적이기를 원하지 않는 개신교도인 어떤 사람도 알지 못한다."61) 현대성의 그 의혹에도 불구하고 보수적인 기독교는 생각보다 현대성의 사조의 더 많은 것을 흡수했거나 혹은 그것을 기꺼이 받아들이려고 한다. 1900년대 초기에 보수적인 미국의 기독교는 현대주의자의 사상의 번영에 부정적으로 반응했다. 오늘날 현대성에 대한 적응은 성경 연구들에서 현대주의자의 방법들과 비역사적이고 비문화적인 보편적 명제적 신학들(universal propositional theologies)의 창조에 대한 보수적 기독교의 개방에서 분명하게 나타난다.62) 심지어 인식론도, 낸시 머피(Nancey Murphy)가 주장하듯이, 표상주의(representationalism)와 표현주의(expressiveism)을 강조하는 현대주의 사상(modernist)이다. 전자는 "성경은 초자연적인 실재들의 간결하고 진실한 기사들을 제공한다"는 가정 안에 명백하다.63) 이 보수적 신학들의 비평에 주목할 만한 예외들이 있는 것과 동시에, 우리는 현대인의 정신에 대한 융의 평가를 조심스럽게 읽는 것이 도움이 되리라고 주장한다.

---

61) Taubes, *The Political Theology of Paul,* ed. Aleida Assmann and Jan Assmann, trans. Dana Hollander (Stanford, Calif.: Stanford University Press, 2004), p. 84.
62) George Marsden, *Fundamentalism and American Culture: The Shaping of Twentieth-Century Evangelicalism, 1870-1925* (New York: Oxford University Press, 1980); Mark Noll, "Common-Sense Traditions and American Evangelical Thought," *American Quarterly* 37 (1985): 216-38; 그리고 R. Greer, *Mapping Postmodernism: A Survey of Christian Options* (Downers Grove, Ill.: InterVarsity Press, 2003).
63) Murphy, *Beyond Liberalism and Fundamentalism: How Modern and Postmodern Philosophy Set the Theological Agenda* (Valley Forge, Pa.: Trinity Press International, 1996), p. 97.

율라노프의 에세이들

앤 밸포드 율라노프는 유니온 신학교 정신의학과 종교 분야의 크리스틴 부룩스 존슨(Christiane Brooks Johnson) 교수이며, 사적인 임상을 하는 정신분석가이고 융의 정신분석협회의 회원이며 분석심리학 국제협회의 회원이다. 그녀는 버지니아 신학교와 로욜라 대학원 목회상담학과와 크리스챤 신학교의 명예박사학위의 수여자이다. 그녀는 또한 블랜튼-필 연구소의 여자졸업생 우수상, 정신분석 진보를 위한 협회의 비전 상(Vision Award), 심층심리학과 종교 분야에서 두드러진 업적으로 미국정신의학협회의 오스카 피스터(Oskar Pfister) 상, 심층심리학과 종교 분야에서 두드러진 업적으로 미국목회상담협회의 우수공로 상을 받았다.

그녀의 전문적 직업의 바로 시작부터 율라노프는 기독교 신앙과 신학과 심층심리학을 통합하는 문제들에 착수했다.[64] 여기에 있는 그녀의 에세이들에서 그녀는 독자를 초대하여 심리학과 신학 사이의 공간에서 일어날 수 있는 정신과 영혼의 치유적 변형에 참여하게 한다. 그러나 율라노프가 주장하듯이, 정신에 대한 크리스챤의 두려움이야말로 이 두 분야들 사이의 대화를 방해하고 있다.

율라노프는 우리에게 융의 사고와 기독교 신앙 사이를 가로지르는 다리를 제공한다. 이 다리를 건설함에 있어서 율라노프는 담론의 한 양식이 다른 양식으로 무너지는 유혹을 저지한다. 오히려 그녀는 정직하고 진정한 대화가 일어날 수 있는 합법적인 공간을 허용한다. 다른 저술에서 율라노프는 각 대화의 상대는

---

[64] Ulanov, *The Feminine in Jugian Psychology and in Christian Theology* (Evanston, Ill.: Northwestern University Press, 1971).

분리된 정체성을 유지해야 하고, 반면에 상호 영향에 의해 동시에 변화되어야 한다는 것을 그녀의 독자들에게 상기시켰다. 그녀의 특성은 대화를 격려하면서 심리학과 신학 그리고 자아와 자기 사이의 평행선상에 서 있는 것이다.[65] 그녀의 목적은 기독교가 융의 관점들을 수락할 수 있도록 만드는 것이 아니고, 융이 복음주의자들에게 용인될 수 있도록 융에게 세례를 베풀려는 것도 아니다. 이 두 영역은 각각 서로에게 공헌을 한다.

심층심리학은 경험과 체현(incarnation)의 일상성(everydayness), 어지러움(messiness)을 지적하면서 지나치게 영성화된 신앙(spiritualized faith)의 잘못을 바로잡는 교정책이다. 그러나 기독교 신앙은 우리의 어머니의 언어이며, 우리의 정체성을 결정한다. 율라노프는 융이 심리적인 것에 엄격히 충실함으로써 그가 스스로 선언한 경계선들을 너무 지나쳐 간 곳을 제시하는 데 주저하지 않는다. 동시에 우리가 우리의 중심의 확신들을 따라 더 충실하게 살지 못하도록 하는 어떤 맹점들을 인정하도록 도와주면서, 크리스챤들이 융과 함께 나누는 이 대화로부터 유익을 얻을 수 있다는 것을 그녀는 보여준다. 다음의 에세이들에서 율라노프는 세 가지 주요한 문제들을 강의한다: 환원주의, 여성성과 그림자, 그리고 하나님-이미지들. 우리는 그녀의 토론을 위한 어떤 문맥을 제공하는 것을 돕는 이 중심적인 관심거리들을 간략하게 재고할 것이다.

---

65) Ulanov, *Spiritual Aspects of Clinical Work* (Einsiedeln, Switzerland: Daimon, 2004), pp. 40-41.

환원주의

　기독교 신앙은 어떤 단순한 이론도 포착할 수 없는 많은 의미와 신비를 내포한다. 그녀의 첫 번째 에세이에서 울라노프는 정신의 두려움에 대한―일반적으로 크리스챤들 가운데 그리고 특히 복음주의자들 가운데 심리학적 환원주의에 대한― 이유들을 설명한다. 울라노프는 이 두려움이 기독교를 심리학적인 용어들로 지각 있게 번역하는 것과 부분적으로 관계가 있다는 것을 암시한다. 사람이 더 단순하고 아마도 더 수용할 수 있는 도식(schema)으로 풍부한 성경적 이야기에 관해 말할 때, 기독교가 어떤 절단이 없다면 프로크루스테스의 침대(Procrustean bed)에 맞지 않을 것이라는 두려움이 자연스럽게 일어난다. 어떤 사람들은 융의 보편적 원형들과 개성화의 개념들은 신앙을 재해석하기 위해 사용되어 왔다는 점에 관심을 갖는다.
　이들이 간과한 것은, 울라노프가 암시하기를, 융은 우리 모두와 마찬가지로 진정한 하나님에게 반응하는 확실한 길을 발견하기 위한 강렬한 영적 여정에 관심을 가지고 있었다는 것이다. 이 분석에서 우리는 융이 인간의 경험 안에서 구현되는 기독교에 관해 생각하는 길을 제공한다는 것을 발견한다. 정신은 하나님이 우리의 매일 매일 실존의 구체적이고 만질 수 있는 실재들 내에서 우리에게 말하는 매체가 된다. 우리의 영적 여정 안에 있는 풀 수 없는 심리적 요소들을 인정하는 것은 도그마(dogma)와 역사의 해석적 역할을 부정하거나 혹은 전복하는 것이 아니고, 그것에 다른 차원을 보태는 것이다.
　그렇다면 우리는 하나님의 음성이 들리어지는 매체에 관심을 가질 것을 간청하는 소리를 듣게 된다. 그 매체, 즉 우리의 정신은 개인적이고 집단적인 역사들에 의해 결정된다. 하나님의 음성을 분별함에 있어서 우리는 초월적인 것과의 만남을 감소시키는 어떤 이질적인 요소들이 우리의 신앙에 부착되어 있는지를 불가피하게 우리에게 물어야 한다. 하나님은 정신을 통해서도 물론 계시를 통해서도 말씀하는 분이고, 그리고 여기 인간의 경험 안에서 우리는 살아있는 하나님을 만나거나 혹은 만나기를 거절한다.

그림자와 여성성(the feminine)

그녀의 두 번째 에세이에서 율라노프는 가끔 발달하지 않은 채 남겨진 정신과 신앙의 각 부분들—즉, 그림자와 여성성을 설명한다. 이것들은 그녀가 여러 가지 이전의 저술들에서 설명했던 주제들이다.[66] 융은 신성한 것의 어두운 요소로 나타났던 것을 지적했다. 사람은 하나님의 더 어두운 이미지들과 함께 무엇을 해야 하는가? 우리는 우리의 정신을 통해 하나님을 알게 되기 때문에, 율라노프는 암시하기를, 우리는 신성한 것이 태어나는 우리 자신의 내적인 마구간의 오물을 위해 준비되어야 한다. 하나님의 자기(God's self)의 순수한 은혜로운 선물과 함께 상속받은 것은 우리의 하나님의 개념들에 부착된 우리의 삶들의 수용할 수 없는 부분들이다.

이 에세이의 다른 초점은 우리의 신앙의 여성적인 측면과 관

---

66) Ulanov, *The Feminine in Jungian Psychology and in Christian Thought*; Ulanov, *Receiving Woman: Studies in the Psychology and Theology of the Feminine* (Philadelphia: Westminster Press, 1981); Ann Belford Ulanov and Barry Ulanov, *The Witch and the Clown: Two Archetypes of Human Sexuality* (Wilmette, Ill.: Chiron Publications, 1987); and Ann Belford Ulanov and Barry Ulanov, *Transforming Sexuality: The Archetypal World of Anima and Animus* (Boston: Shambhala, 1994)을 보라.

련이 있다. 율라노프는 우리는 마리아를 모델로 삼고, 그리고 신도를 그의 신부로서 그리스도에게 연결시키는 성경 본문들이 제시하는 대로, 더 여성적인 용어들로 우리 자신을 생각할 것을 제안한다.67) 이 비유는 이스라엘과 여호와의 관계를 설명하기 위해서도 사용되었다(사62:5). 마리아가 그녀의 자궁 안에 예수를 담았듯이, 교회로서 우리는 하나님을 모신다. 초대교회 이후로 사용된 이 모성적인 언어는 신학적 주지화(intellectualization)와 명제적 진리들 쪽으로 가는 경향이 있는 더 부성적인 접근들에 유용한 교정책을 제공한다. 여성적인 존재 양식은, 역으로, 개인적으로 그리고 공적으로 우리를 채우는 거룩한 타자(Holy Other)를 수용할 수 있는 그릇들이 되기 위해, 우리의 신앙의 더 구현된 공공의 요소들로 우리를 초대한다.

하나님-이미지들

그녀의 세 번째 에세이에서 율라노프는 하나님-이미지들의 역할과 살아있는 신앙과 그것들의 관계를 상세하게 설명한다. 인간의 영혼 안에 하나님의 이미지의 주제는 율라노프의 저술 안에서, 그녀의 개인적인 저술들뿐만 아니라 또 그녀가 사별한 남편, 배리 율라노프(Barry Ulanov)와 함께 썼던 저술들 안에서, 반복해서 나타난다. 융의 초월적 기능의 개념에 전념한 저술에서 율라노프는 초월적인 것이 어떻게 임상적 작업 안에 나타나는지, 꿈들과 증후들 안에 있는 이 현존에 우리는 어떻게 민감할 수 있는지, 그리고 초월적인 것의 현존은 치료사와 내담자 사이의 만

---

67) Revelation 19:7-10; Matthew 9:15; and John 3:29.

남을 어떻게 알려주는가를 보여준다.[68] 그녀는 또한 기도들, 꿈들, 그리고 거룩한 것의 경험 안에서 부상하는 하나님-이미지들의 본질을 조사했다.[69] 율라노프 부부는 특히 설교, 기도, 가르침, 상담과 정치에 관해서 영적인 삶 안에 상상력의 중요성을 다루는 저술을 공동으로 썼다.[70]

율라노프에 의하면, 주관적이고 객관적인 하나님-이미지들 사이에 공간이 존재한다. 우리의 개인적 하나님-이미지는 심지어 전통에 의해 받았던 것들에서 크게 빗나갈 수 있다. 그러나 이 공간 내에 존재하는 분은 그 현존이 우리의 도식들과 그것들로부터 동시적인 분리 사이에 역동적이고 변증법적인 상호작용을 통해 중재되는 살아있는 하나님이다. 융의 대극들과 정신의 초월적 기능의 이론은 우리를 이 공간 내에서 일어나는 활동에 관해 심리학적으로 생각하고 그 치유적인 자산들에 특별한 주의를 기울이도록 돕는다. 만약 우리가 계속 기도하고 성실하게 살려고 고심한다면, 유한한 어떤 것도 무한하고 창조되지 않은 하나님을 포괄할 수 없기 때문에, 우리는 불가피하게 우리의 모든 이미지들의 파괴와 재건설 사이를 항해할 수밖에 없다.

앨빈 듀크(ALVIN DUECK)와
브라이언 베커(BRIAN W. BECKER)

---

[68] Ulanov, *The Functioning Transcendent: A Study in Analytical Psychology* (Wilmette, Ill.: Chiron Publications, 1996).
[69] Ulanov, *Picturing God* (Einsiedelen, Switzerland: Daimon Verlag, 2002).
[70] Ann Belford Ulanov and Barry Ulanov, *The Healing Imagination* (Einsiedeln, Switzerland: Daimon Verlag, 1999).

앤 밸포드 율라노프의 에세이들

크리스챤의 정신에 대한 두려움

융의 두려움

칼 융은 자신을 사실들을 연구하는 경험주의자라고 생각했다. 만약 그가 이 세상에서 다음의 생을 산다면 그는 자연 과학자가 되기를 원한다고 말했다: "자연과학의 연구, 그렇다, 나는 그것을 또 하나의 새로운 인생의 내용이라고 상상할 수 있다."[1] 그러나 융은 오래 동안 종교, 그리고 특히 그가 스스로 몰입했던 기독교 신앙에 그의 전 생애를 바친 심층심리학자로서 주목받는다. 그의 생애 끝에서 융은 그 자신의 영적 여정을 교정하고 우리가 어떻게 하나님을 섬길 것인가에 대한 문제를 풀었다. 그는 심지어 우리가 그의 결론들에 동의하지 않는다고 할지라도 우리의 존경을 받을 수 있는 그의 해결 방법에 도달했다; 이것들은 지적인 합계들(summations)이 아니고 전체적인 사람을 소환하는 소명(vocatio), 부름에 대한 응답이었다.

신앙의 사람들은 가끔 융의 작업을 두려워한다. 우리는 그 이

---

[1] Aniela Jaffe, *Was C. G. Jung a Mystic?* (Einsiedeln, Switzerland: Daimon, 1989), p. 112.

유를 물어야하고 그의 접근이 고취시키는 두려움에 답하려고 노력해야 한다. 그의 연구에 대한 반대들 가운데 주요한 것은 그가 기독교 신앙을 심리적 용어들로 해석하고, 그가 환원주의를 범했다는 두려움이다. 하나님 대신에, 우리는 그의 자기 원형(Self archetype)의 개념을 발견하고; 성령의 격려들에 반응하는 것 대신에, 우리는 무의식의 격려들을 구하고; 정의된 도그마의 인도 대신에, 우리는 유한한 말들로 파악할 수 없는, 정의되지 않는 모든 초월적인 것에 열려있는 상징들을 발견한다.

이 반대들에 반응하면서 나는 융을 방어하지 않는다. 그는 어떤 방어도 필요로 하지 않고; 그의 업적은 스스로 서서 그 자체의 진가를 보인다. 대신에 나는 그의 업적과 기독교 신앙 전통 사이에 서서, 두 가지 방향들을 바라보고, 이제 내가 인식하고 이해한대로 정신에 관해 말하고, 그리고 우리가 공유한 신앙에 관해 똑같은 방식으로 말한다. 나는 융을 한 인간으로서 그리고 그의 모든 연구에서 누미노제적 하나님을 다루는 한 임상가로서 이해한다. 그는 기독교 신앙에 대한 그 자신의 해석에 도달했고, 그에게 이해되고 그의 헌신을 명령했던 반응을 창조하기 위해 대단히 고심했다. 그의 고투는 하나님을 진정한 존재로 만들고 하나님의 실재를 살아남게 하는 강렬한 영적 여정이었다.

우리들 중에 각 사람도 역시 참된 하나님에게 이르는 진정한 길을 개인적으로 그리고 공동체 안에서 함께 발견하려고 애쓴다. 우리는 융의 해결 방법을 흉내낼 수 없고 우리 자신의 해결책에 도달해야 한다. 우리가 전통과 다르거나, 그것에 되돌아가서 그것에 순응하거나 혹은 그것으로부터 떨어져 나와 영적 길을 잊으려고 시도하는 곳에서, 이것은 이루어지지 않을 것이다. 우리는 우리가 받고 또 창조한, 우리에게 알려진 길에 충실하게 머물기를 원한다. 나는 특히 무의식, 정신을 포함하지 않고는 교회를 위한 미래는 없다고 믿는다. 나는 예술도 보태는 것이 좋을 것이다. 각각 이것들은 영혼의 깊이들과 우리 자신의 영적 형성에 있어서 필수적인 대화를 나누는 것을 돕는다.

자기로서의 하나님?

환원주의에 대한 반대를 취급해보자. 나는 융으로부터 이 해답을 가장 좋아한다: "나는 심지어 단추를 나의 상상력으로 대체할 수 없다, 그렇다면 내가 어떻게 하나님을 대체할 수 있겠는가?!" 자기 원형은 하나님을 대체할 수 없다. 자기는 정신의 보통의 콤플렉스들(자아, 그림자, 아니마/아미무스, 페르조나)을 하나의 가능한 통일체로 모으면서, 전체 정신(whole psyche)의 깊은 곳에 있는 두 번째 중심이다. 자기는 또한 우리를 혼란하게 하는 콤플렉스들(예를 들면, 열등감) 뿐만 아니라 또한 중독들, 자살 충동들, 그리고 분노의 살인적 분출들의 사악하게 당기는 힘을 포함한다. 융은 자기가 결코 하나님을 대신할 수 없다고 말한다.2) 그러나 그는 또한 자기-이미지들과 하나님-이미지들은 가끔 구별할 수 없다고 말한다. 그는 내면으로부터, 우리가 아는 누미노제적 경험으로부터 바라보고, 초월적인 현존이 우리에게 말을 건다는 것을 확신한다. 그런 관점에서부터 하나님이 우리 밖에 있는지 혹은 우리 안에 있는지 혹은 두 가지 모두이든지 말하는 것은 어렵지만, 그것이 우리의 마음들 안의 첫 번째 질문은 아니다. 첫

---

2) Jung, *Good and Evil in Analytical Psychology*, vol. 10 of *The Collected Works of C. G. Jung*, trans. R. F. C. Hull (New York: Pantheon, 1959/1964), para. 874.

번째 질문들은 항상 이런 것들이다: 나는 이것에서 생존할 수 있는가? 그것은 나를 죽일 것인가? 나는 미쳤는가? 이 분은 누구인가? 그 분은 나에게 무엇을 묻는가? 나는 어떻게 당신과 함께 살 것인가? 이런 것들과 함께 정감, 심상, 그리고 헌신에서 나오는 심오한 분출 안에 함께 허우적 거리는 육체의 맥박이 폭포처럼 떨어진다.

우리가 그와 같은 초월적 실재의 경험들에 어떻게 반응하는가는 우리가 우리의 임상적 작업을 어떻게 하는가를 구체화한다. 융은 경험 안에 거주했지만 그것으로부터 개념을 추상화하지는 않았고, 그리고 영적으로 그의 길을 발견하기 위해, 그는 인간의 뒤범벅이 된 삶 안에서 바로 하나님과 관계를 맺는 것이 필요했다. 그는 "모든 인간의 경험을 넘어선 추상적인 하나님은 나를 차갑게 내버려둔다. 우리는 서로 감동을 끼칠 수 없다. 그러나 만약 내가 그 분이 나의 영혼의 힘찬 박동이라는 것을 안다면, 즉시 나는 그 분에게 관심을 가지게 된다…"3) 이것은 하나님이 단지 나의 영혼의 박동인가? 아니다: 확실히 아니다. 그러나 이것은 우리가 상담하는 모든 사람, 우리가 만나는 모든 가족, 그리고 우리가 인도하는 모든 집단치료 안에서 뿐만 아니라 우리가 기도하는 매일의 밤에 이 현존에 대한 우리의 지각을 넓혀야 한다는 것을 의미한다.

융은 두려움과 마찬가지로 또한 매력으로 그에게 일어나는 그와 같은 경험들에 반응했다. 그는 그것들로 인해 그의 작업에 의무를 지게 되었다고 느꼈다. 그는 우리의 "원시적 경험에도 불구하고 나는 나의 환자들과 학생들이 내면으로부터 그들에게 내려

---

3) Jung, "Commentary on the Secret of th Golden Flower," in *Alchemical Studies*, vol. 13 of *The Collected Works of C. G. Jung*, trans. R. F. C. Hull (Princeton: Princeton University Press, 1929/1967), paras. 412-413.

지는 직접적인 요구를 받아들일 수 있는 지점까지 그들을 교육하는 것이 나의 과업과 의무라고 여긴다"라고 말했다.4) 초기의 기독교 저술들에 대한 그의 연구를 통해, 그는 "하나님의 경험이 얼마나 두렵고 진지한지에 관해 깊고 지울 수 없는 인상을 받았다. 그것은 오늘도 다르지 않다"라고 말했다.5)

30년 이상의 임상적 작업을 통해 융의 용어에서 자기는 하나님이 아니고, 우리 내면에서 하나님에 관해 아는 자라는 사실이 나에게 명쾌하게 다가왔다. 그것을 설명하는 다른 방법은 우리 안에 자기는 정신을 구성하는 콤플렉스들 중에 하나이고, 그리고 그것은 전체 정신을 초월한 실재에 이르는 다리로서 기능한다는 것이다.6) 이리하여 실제적인 임상 작업에서 나는 한편으로 융과 다른 한편으로 신앙 전통 사이에서 두 가지 방향들을 바라보면서, 그리고 심리학적 뿌리들은 물론 신학적 뿌리들로부터 진정으로 성장한, 발견되고 다듬어진 위치를 선언하면서, 여기에서 내가 가지고 있는 것과 유사한 자세를 취하고 있는 나 자신을 발견한다. 임상 회기 안에서 나는 자아와 자기, 융이 의식의 중심이라고 했던 자아, 그리고 자아를 포함하고, 의식과 무의식을 포함한, 전체적 정신의 두 번째 중심인 자기 사이에 있는 공간에 몰두한다. 자아는 지금과 여기에서 기능하는 것과 잃어버린 기능들의 재발견과 관계가 있고; 자기는 내면과 외면, 둘 다의 전체적인 실재, 그리고 시대를 걸쳐 영원의 빛 아래에 있는 인간의 스토리(story)와 관계가 있다.

곤경 속에 있는 사람의 말을 경청하면서 나는 자아가 회복을

---

4) Jung, *Letters*, 2 vols., ed. G. Adler and A. Jaffe (Princeton: Princeton University Press, 1973 and 1975), vol. 1, letter of May 26, 1945, p. 41.
5) Jung, *Letters*, vol. 1 (1973), p. 41.
6) Ulanov, *Spiritual Aspects of Clinical Work* (Einsiedeln, Switzerland: Daimon, 2004), chaps. 12-13.

필요로 하고, 원할 뿐만 아니라 그것에 대해 절망하는 소리들을 듣는다; 그리고 자기가 어떻게 작용하고 있는지에 대한 이야기도 듣는다. 두 가지 일들은 항상 똑같은 것은 아니며, 이것은 나의 책,『마법사의 문: 의식의 묘사』(The Wizards' Gate: Picturing Consciousness)에서 잘 예증되어 있는데, 이 책은 그녀 앞에 열려진 전체적인 생애와 함께, 악성 뇌종양에 의해 쓰러진, 분석을 마친 한 여성의 스토리를 말해주고 있다.[7] 이 책은 그녀의 생애의 마지막 일년 반에 관한 것이고 우리가 그녀의 죽음을 어떻게 직면할 것인가를 다룬다. 그녀의 자아, 즉 그녀의 의식적 자기는 죽음을 반대했고 잃어버린 삶에 대해 분노와 슬픔을 느꼈다. 극적인 말들 속에서 그녀의 무의식은, 죽음의 경험에 노출된 그녀의 모든 부분들과 함께, 그녀가 전체적인 존재가 되도록 계속해서 도와주었다. 나는 그녀가 죽기 직전에, 그녀가 했던 마지막 말들 중에 한마디로 인해 멍한 상태가 되었다: "그것은 그럴만한 가치가 있어요."

덜 극적인 어조로 (여기에서 이전의 여성의 죽음과 대조적으로, 그러나 다른 여성의 삶에 대해 마찬가지로 중요한), 이 이중적인 관점은 그녀가 낙오하여 자신과 다른 사람들과의 접촉으로부터 사라졌던 곳에서 여백(blank space)으로서 경험했던, 다른 환자들이 "죽음"이라고 부른 것에서 그녀가 "다시 소생"하는 변화를 불러일으켰다. 이 변화가 오는 데 긴 시간이 걸렸고 많은 작업을 요했다. 그녀는 종교적 전문가로서 그녀의 일에서 매우 성공적으로 기능했고, 행복한 결혼을 성취했으며, 그리고 자녀들과 의붓자식들과 좋은 관계를 가졌다. 외부의 관찰자는 그녀가 왜 치료를 지속했는가를 궁금하게 여겼으나, 그러나 내부적으로 그

---

7) Ulanov, *The Wizards' Gate: Picturing Consciousness* (Einsiedeln, Switzerland: Daimon, 1994).

녀는 항상 주변에서 배회하는 이 여백과 마주보면서 마비시키는 두려움에 가득 차 있었다. 자아의 관점에서 바라볼 때, 나는 그 마비와 그것을 어떻게 다루고 그것에 어떻게 굴복하지 않을 것인가에 유의했다. 자기의 관점에서 바라보면서, 나는 물을 것이다: 여기에 무엇이 작동하고 있는가? 여백은 무엇을 원하는가? 그녀가 깊이 위협적으로 경험했던 미지의 것을 직면하고 그것으로 들어가는 것, 그리고 그녀를 안정시키고 지지하는 우리의 분석적인 관계에 의존하는 것은 그녀의 모든 용기를 요구했는데, 이 의존은 그녀가 인정하고 수용하는 것이 필요했던 의존이었다.

자기의 관점에서 보면 증후(symptom)는, 우리가 그 증후를 자아 붕괴를 위협하는 것으로 경험할지라도, 살 수 있는 더 큰 방법을 예고하는 사자(messenger)이다. 이 예를 보면, "여백" 증후는 거기에 아무 것도 없고, 심지어 말들조차도 거의 없기 때문에 말하는 것이 어렵다. 이 여인과 나는 습관적인 의사소통의 양식들을 포기하고 새로운 것들을 탐색했다. 시간은 더 느리게 갔고, 정보는 눈치주기들, 몸짓들, 암시들, 직관들, 그리고 괴상한 심상 안에서 나타났다. 임상적 질문은 어떻게 죽음에서 살아남을 것인가에서 어떻게 그것을 극복하고, 그것을 수선하고, 그것을 개선하고, 그것을 이해하고, 그 기원들을 추적할 것인가로 옮겨갔다. 그 다음 우리는 새로운 질문들로 이동했다: 어떻게 그것에 들어가고, 그것을 만나고, 그것에 개입하고, 그것에 귀를 기울일 것인가. 임상적 질문은 이해와 회복으로부터 새로운 장소 쪽으로, 미지의 것을 따르는 쪽으로 옮겨갔다. 새로운 임상적 질문은 어떻게 생기를 저장하고, 그것을 매일 어떻게 표명할 것인가를 주시하는 것이었다. 이 여인은 "나는 생기 있게 살고 싶어요"라고 말했다.

이 새로운 관점에서 볼 때, 죽음은 증후도 아니고, 문제도 아니라, 방어로서 이해된다. 나는 심지어, 여전히 다른 환자를 통해, 평생의 우울증이 해결하기 어려운 조건이라기보다는 오히려 최종적으로 참을 수 없는 취약성에 대한 방어, 혹은 보호책으로서 자체를 드러내는 것이라고 본다. 이 관점은 임상가에게 다른 환자의 지긋지긋한 우울증의 고통을 덜어주는 쇠지레(crowbar)를 주게 되는데, 이렇게 할 때 취약성에 숨 쉬는 공간을 주게 되어 그것이 방어하는 취약성을 멀리하게 됨으로써 그 사람을 성장시킬 수 있다.

성령으로서의 무의식?

융에 의해 제기된 두 번째 반대에 대한 나의 반응은—우리는 성령의 격려들 대신에 무의식의 격려들에 주의를 기울인다—우리가 이미 알고 있는 것을 우리에게 상기시켜준다. 하나님은 성경, 역사적 사건들, 예배, 공동체, 사랑의 관계들, 시, 정치적 운동들, 그리고 다른 것들을 통해서 만큼 많이 정신을 통해서 말할 수 있다. 하나님은 언제나 어떤 것을 통해서라도 우리에게 올 수 있다. 그리스도가 태어난 마구간의 오물이 말해주듯이, 어떤 것도 너무 낮아서 하나님의 자비의 도구가 될 수 없는 것은 없다. 우리가 터득하기 어렵다고 반복해서 발견하는 것은 하나님은 초월적이고, 무한하며, 시작이 없고, 그리고 길들일 수 없다는 것이다. 우리는 성심을 다해 여호와에 의해 주어진 율법을 받았던 욥처럼, 장엄하지만 그러나 길들여진 용기들, 심지어 규율들, 윤리적인 격언들 안에 성령의 압도적인 누미노시티(numinosity)를 가두기를 원한다. 우리는 "당신은 율법을 주셨지만, 그런데 왜 당신은 율법과 함께 계시지 않습니까?"라고 질문하는 욥의 위치에 있게 되는 것을 두려워한다. 욥은 그의 고통 가운데 그의 마음에서 느꼈던 질문을 했던 우리의 최고의 본보기이다; 그는 하나님이 진정으로 초월적이며 율법의 저자라는 것을 이해하면서, 율법보다 더 큰 하나님의 새로운 비전의 해답을 가질 수가 있었다.

여기에서 해석적인 관점은 심층심리학은 본문들—즉 누미노제적 순간들을 해석하는 역사적, 사회학적, 그리고 문학적 방법들의 습관화된 해석에 다른 차원의 해석을 보탠다는 것이다. 정신의 사실이야말로 누구에게나 인정받을 수 있는 해석의 새로운 차원이다. 우리가 어떤 방식으로 해석하듯, 우리는 항상 인간의 정신 안에서 그리고 그것을 통해서 그렇게 한다. 새로운 관점은 단순하게 이것을 인정하는 것이고 그것을 더 이상 두려워하지 않는 것인데, 내가 믿기로는, 그것은 융이 다음과 같이 말할 때 융이 의미하는 것과 같은 뜻이다: "하나님은 정신을 통해서 말하시지 정신을 제외하고서 (우리에게) 결코 말하시지 않는다, 그리고 정신도 그것을 이해한다."8) 무의식은 하나님이 우리에게 이르는 다른 매체이다.9) 이리하여 우리가 성경 안에 있는 구절을 숙고하듯이 우리는 또한 가슴에 인상을 주는 꿈을 숙고해야할 것이다. 우리에게 하나님의 일들을 가져오는 성령은 임의로 자유롭게 불고; 우리의 주의를 둘러싸고 위에서 말하고 아래에서 말한다. 무의식은 바닥에서부터 위로, 말하자면 세상사 가운데 아래로부터 뿐만 아니라 또한 영감으로 쓰인 성경의 높이들에서부터 우리에게 이르는 성령의 매체가 될 수 있다.

---

8) Jung, *Letters*, vol. 1 (1973), August 15, 1938, p. 98.
9) Jung, *Symbols of Transformation*, vol. 5 of *The Collected Works of C. G. Jung*, trans. R. F. C. Hull (Princeton: Princeton University Press, 1912/1967), para. 95.

도그마 위에 상징?

융이 도그마보다 상징들에 특권을 준다는 비판에 반응하여, 우리는 수세기들에 걸쳐 무수한 마음들에 의해 다듬어진, 인류의 공유된 꿈으로서의 상징에 대한 융의 깊은 존경을 기억해야 한다. 융은 *렐리기오(religio)*, 즉 초월적 요인들에 대한 주의 깊은 숙고의 태도는 개인적으로 또한 공동체적으로 우리를 되돌아가도록 구속하는 것이라는 것을 종교적 경험을 가진 우리가 기억하도록 조언한다.10) 그와 같은 경험은 개인적으로 우리를 구속해서 우리 존재의 원시적 깊이들로, 우리에게 알려진 존재 그 자체로 되돌아가게 한다. 우리는 결코 그와 같은 경험들을 이해할 수 없다; 마리아와 같이, 우리는 많은 해들 동안 우리의 마음속에 그것들을 숙고하지만, 그러나 우리는 감히 그와 같은 경험들을 위증하지 못하고, 즉 그것들이 일어나지 않았거나, 혹은 그것들은 궁극적인 의미를 가지고 갑자기 우리에게 부딪치지 않는다고 가정한다. 나는 러시아 정교회 대주교 안토니 블룸(Anthony Bloom)이 하나님에 관해 말한 것을 좋아한다: 하나님은 우리의 생애 밖에 있을 준비가 되어 있다. 그리고 "십자가로서 그것을 완전히 받아들일 준비가 되어있지만, 그러나 그는 나의 삶의 단순히 일부분으로 수용되도록 준비되어 있지 않다."11)

우리는 또한 그와 같은 경험들을 다시 공동체 쪽으로 묶어야 하는데, 왜냐하면 그것들이 우리에게 어렴풋이 나타나고, 다른 사

---

10) Jung, *Psychology and Religion: West and East*, vol. II of *The Collected Works of C. G. Jung*, trans. R. F. C. Hull (New York: Pantheon, 1938/1958). 또한 Jung, *Letters*, vol. 1 (1973), January 13, 1948, p. 487.
11) Bloom, *Beginning to Pray* (New York: Paulist Press, 1970), p. 6.

람들이 "무엇이 발생했는가?"라고 물을 것이기 때문이다. 그와 같은 비밀이 우리를 고립시키고 심지어 광기를 초래할 수 있기 때문에 우리는 감히 그것을 부정하지는 않는다. 그와 같은 다른 사람들과의 상의와, 그리고 역사에서 신앙의 아버지들과 어머니들이 쓴 글에 대한 독서는 우리를 사로잡았던 비유의 의미들, 우리의 주의를 끌었던 누미노제적 이미지, 우리를 먹여주었던 성만찬을 알도록 우리를 돕는다. 도그마는 자발적으로 나타난 이미지들, 처녀 수태(Virgin Birth), 신-인(God-Man), 삼위일체와 같은 이미지들로 구성된다. 신조와 교리들은 그와 같은 이미지들로 넘쳐난다. 융에게 이미지 언어는 신앙과 반대되는 것이 아니고, 우리의 의식적 노력들에서 나오는 우리가 건축한 이론들보다 더 신앙에 가장 적합한 것이다. 이미지는 의식적이고 무의식적인 전체적인 사람으로부터 나온다. 우리를 감동시키는 그것들의 힘의 중심은 우리가 그것들을 발명하지 않는다는 우리의 인식이다: 그것들은 우리에게 말을 걸고 우리를 개방시키며 우리를 초월한 차원의 실재를 가져온다.12)

우리가 신조 혹은 의례적 행동의 모든 암송을 찬양하듯이, 이미지는 상징의 중심에 존재하고, 상징은 신앙의 중심에 자리를 잡는다. 이미지는 항상 시각을 내포하지만, 그러나 우리들 중에 어떤 사람들에게는 다른 감각들이 주요한 역할을 한다. 상징은 여호와와 모세의 만남에서처럼—가시덤불에서 나오는 음성, "누가 나를 보냈다고 내가 말해야 합니까?"라는 모세의 질문에 반응하여 나타난 말들과 같이 청취되도록 말할 수 있다. 성자들이 그리스도의 친밀함(nearness)의 향기를 말하듯이 그것은 냄새를

---

12) Jung, *Psychology and Religion*, paras. 81-82. 또한 Jung, *Memories, Dreams, Reflections*, ed. Aniela Jaffe, trans. Richard and Clara Winston (New York: Pantheon, 1963), p. xff., 336을 보라.

풍길 수 있다. 닛싸의 그레고리(Gregory of Nyssa)와 끌레르보의 성 버나드(St. Bernard of Clairvaux)와 같은 위대한 성자들에게 영적 여정의 절정이었던 것은 바로 어두움의 포옹하는 샘물에 의해 암시되었던 촉감일 수 있다. 그것은 심지어 모든 성만찬의 음식에서 반복되어지는 미각일 수 있다. 강력한 상징은 신비가들이 영혼의 감각들이라고 부르는 것으로 변형되는 모든 육체적 감각들을 포함할 수 있다.

융에게 상징은 미지의 혹은 알 수 없는 그 무엇을 위한 가장 가능한 표현이다; 그것은 그 어떤 다른 방식으로 더 잘 표현될 수 없다. 종교적 상징은 우리가 공유하는 원시적인 공통적인 요인뿐만 아니라 또한 그것의 표현의 가장 높은 형식에서, 우리의 존재의 가장 깊은 차원들에서 우리를 개방시키는, 그것이 가리키는 생기로 우리를 이끄는 살아있는 실재이다.[13] 구원이 없는 육체적 고통, 불명예의 굴욕적인 죽음, 자신의 이웃들과 자신의 하나님에 의해 버림당함을 나타내는 십자가—우리가 그것을 믿든 혹은 안 믿든, 그것은 깊은 곳에서 우리 모두를 감동시킨다. 그러나 그것의 영적 의미는 하늘과 땅의 우주적인 침투를 표현하는, 그리고 그 뿌리들이 낙원의 네 개의 강물을 따라 흐르는 생명나무와 십자가의 중심의 다섯 번째 지점에서 연합되는 네 가지 주요한 방향을 대표하는, 가장 높은 질서에 도달한다. 십자가의 나무는 타락의 원인이었던 선과 악을 알게 하는 나무(Tree of knowledge)에서 취해진 것이라고 중세 시대에 여겨졌는데, 그것은 십자가상에서 구원을 가져오는 그리스도의 희생 안에서 구속의 도구가 된다.[14]

---

[13] Jung, *Psycological Types* (Princeton: Princeton University Press, 1971), para. 816; 또한 Ulanov, *The Feminine in Christian Theology and Jungian Philosophy* (Evanston, Ill.: Northwestern University Press, 1971), chap. 5를 보라.
[14] J. C. Cooper, *All Illustrated Encyclopedia of Traditional Symbols* (London: Thames & Hudson, 1978), p. 46.

이 상징의 이해는 내가 크리스챤의 정신에 대한 두려움이라고 불렀던 것의 핵심으로 이끈다.15) 융은 종교적 전통이 항상 선언했고 그리고 신비가들(mystics)이 상세하게 탐험했던 것을 강조한다; 아버지로 불리는 실재의 심장(heart)으로부터, 아들로 불리는 심장의 바로 그 심장으로 존재의 결정(nub)은 흐른다. 두 분은 똑같은 실체(substance)이다: 앞으로 흘러나오신 분은 생긴 분이고 만들어진 분이 아니며, 역사에서 예수의 인성으로 우리에게 다가와서 우리를 인도하여 실재(reality)의 심장에 머무르는 분은 또한 우리 각 사람의 심장과 우리 모든 사람에게 머문다는 것을 발견하도록 하신다. 신비가 잔 반 루이스브로크(Jan Van Ruysbroeck)는 아버지를 나타내는 아들의 이 빛나는 돌(sparkling stone)은 실재의 심장에 영원히 알려진, 우리 자신의 바로 그 이름을 우리에게 주기 위해 온다고 우리에게 말한다.16) 브라반트의 하데위치(Hadewijch of Brabant)는 하나님의 사랑의 불꽃은 하나님의 심연(abyss)이 우리의 영혼의 심연과 만날 때 우리 속으로 뛰어 넘어온다고 말한다.17) 아빌라의 성 테레사는 그것을 여전히 더 무뚝뚝하게 말한다: 우리가 많은 저택들을 가진 우리의 자기의 내부의 성으로 들어갈 때18), 우리는 어거스틴의 주장이었던 viderim me, viderim te, "나 자신을 아는 것은 당신을 아는 것입니다"를 확증하는, 그 분의 장엄함이 마음 중심에서 우리를 기다리고 있다는 것을 발견한다. 이 놀라운 선언은 유대인들에게 거리

---

15) Ulanov, *Picturing God* (Einsiedeln, Switzerland: Daimon, 1986/2002), pp. 5-23.
16) Van Ruysbroeck, "The Book of the Sparkling Stone," in *Medieval Netherlands Religious Literature*, trans. and ed. E. College (New York: London House & Maxwell, 1965), p. 95.
17) Hadewijch of Brabant, *The Complete Works*, trans. Mother Columba Hart (Mahwah, N.J.: Paulist Press 1980), pp. 60, 86.
18) St. Teresa of Avila, *The Interior Castle, in the The Complete Works of St. Teresa*, vol. 2, trans. and ed. E. Allison Peers (London: Sheed & Ward, 1957).

끼는 것이고, 헬라인들에게 미련한 것으로 선언되었고, 그리고 이 것은 내가 크리스챤의 정신에 대한 두려움이라고 부르는 것에 해당한다.

예수 그리스도의 신학적 사실의 경험은 모든 경험이 그렇듯이 정신을 통해 우리에게 다가온다. 그것이 가끔 너무 놀라워 우리가 그것을 거의 믿을 수 없다고 할지라도, 우리는 육체를 통해 그것이 다가오는 것을 수용할 수 있는 더 나은 시간을 가진다. 육체는 여기 파사데나(Pasadena)에서, 뉴욕시에서, 허드렛일들, 세금들, 질병들, 재능들, 실패들, 기쁨들과 함께 우리의 특별한 삶들 속에서 나타나는, 한계를 가진 유한한 일정한 형식을 뜻한다. 모든 것을 포괄하는 위대한 하나님이 어떻게 미약한 나를 통해서, 미약한 우리를 통해서, 분명해질 수 있을까? 이것은 육체 안에 초월적인 것의 체현(incarnation)의 신비를 포함한다. 심층심리학이 신학에게 했던 주요한 공헌은 육체가 또한 정신을 포함한다는 것을 거듭 거듭 분명하게 밝히는 데 있다.

우리가 발명하거나 혹은 통제하지 않은, 그리고 우리가 그것을 만나기 위해 자아의식에서부터 내려가야 하는, 우리를 능가하는 것이 우리 안에 살아있다. 하나님은 또한 정신을 통해 우리의 문제들과 영감들, 우리의 꿈의 이미지들과 의식적인 사고들, 우리의 콤플렉스들과 성취들, 우리의 충동들과 혼란들을 말한다. 우리는 정신이 전혀 우리의 명령을 듣지 않고, 우리가 생각했던 것보다 더 살아있기 때문에 그것을 두려워한다. 만약 하나님이 또한 정신을 통해 우리에게 말한다면 그것은 수치스러운 것들; 나쁜 것들; 병들고, 연약하고, 과도하게 야망에 찬, 웅대한 것들; 성취한 것들이 아니고, 상처받고, 실패한 관계들; 부유한 이웃들과 마찬가지로 또한 가난한 이웃들을 포함한, 우리의 모든 부분들을 통해 그리고 인간의 공동체의 모든 부분들을 통해 하나님은 말씀한다는 것을 의미한다. 그것은 단지 좋은 부분들, 발달된 부분들, 우리의 탁월한 기능이 아니라 전체적인 것을 의미한다. 그것은 우리가 심지어 정신적으로 혹은 육체적으로 병들지라도 하나님을 섬길 수 있다는 것을 의미한다. 우리는 세리, 창녀가 될 수 있고, 그리고 소위 더 명예스러운 직업들을 발견한 사람들보다 가끔은 훨씬 더 거룩한 분(the Holy)을 볼 수 있다.

우리 모두는 인간의 정신을 가지고 있기 때문에 그리고 하나님은 우리의 가슴의 친밀감들 속에서 그리고 우리의 공동체들의 비밀들 안에서 우리 모두에게 미치기 때문에, 누구도 제외되지 않는다. 하나님은 우리의 강박증의 감옥들 안에서와 마찬가지로 사회의 감옥들 안에서도 우리에게 임하는데, 그곳에서 우리는 가림이 없이 벌거벗고, 우리의 내적인 삶들과 마찬가지로 우리의 이웃의 가난 안에서도 파탄이 난 상태에 처해 있다.[19] 만약 하나님이 또한 정신을 통해 우리에게 이른다면, 그것은 우리가 놀람, 두려움과 맞서 싸워야 하고, 그리고 심지어 우리의 꿈들, 우리의 문제들, 우리 사이의 분쟁들, 우리의 성 학술대회(sexual congress) 안에서 일어나는 거룩한 것의 이미지들과 우리의 전통적 교리와 의례 안에 하나님을 위한 표상들 안에서 일어나는 이미지들 사이의 차이에서 오는 공황(panic)과도 맞서 싸워야한다는 것을 의미한다.[20]

---

[19] 융이 그림자라고 부른 것은 두 번째 에세이의 주제가 될 것이다.
[20] 이것은 세 번째 에세이의 주제가 될 것이다.

세 번째 종류의 앎(knowing)

지금, 특히 우리가 종교적 상징의 강제적이고 활기찬 생기를 경험할 때 그것들이 개시하는 세 번째 종류의 앎을 검토해보자. 융은 상징들이 영(spirit)의 희미하게 식별된 본질을 가장 가능한 방식으로 기술하면서 "조금 알려진 혹은 완전히 미지의 것"을 표현한다고 상징에 대해 말한다.21) "상징은 정의하거나 설명하지 않는다; 그것은 그 자체를 넘어 어둡게 예시되며 여전히 우리의 이해를 넘어선 곳에 있는 의미를 가리키지만, 우리의 언어의 친밀한 말들로 적절하게 표현될 수 없다."22) 상징들은 "마음의 대상들이 아니고, 우리가 천 가지 다른 방법들 안에서 공식화할 수 있는 상상의 범주들이다. 그것들은 마음 이전에 있었고, 정신적인 모든 것의 토대이기 때문에 그것들은 무진장하다."23) 따라서 우리가 하나님에 대한 우리의 전통적이고 개인적인 이미지들을 통해 하나님을 만날 때 우리는 앎의 지대, 그 자체가 역설적인 의식의 유형으로 들어간다. 우리의 앎의 수단들은 우리를 알 수 없는 곳으로 호위한다. 심리학적인 언어로, 우리는 우리가 주체이며 우리가 앎의 대상들을 가지고 있다는 의식과, 가끔 다른 사람에 의해 추적을 당하는 익숙한 꿈 안에서처럼 우리가 미지의 주체의 대상이라고 느끼는 무의식 사이에 놓여 있는 종류의 앎으로 그것을 기술할 수 있다.

---

21) Jung, *Symbols of Transformation*, p. 329.
22) Jung, "*Spirit and Life*," in The Structure and Dynamics of the Psyche, vol. 8 of The Collected Works of C. G. Jung, trans. R. F. C. Hull (New York: Pantheon, 1926/1960), para. 644.
23) Jung, *Dream Analysis*, ed. W. McGuire (Princeton: Princeton University Press, 1984), p. 330.

다른 학자들은, 부정의 방법과 긍정의 방법을 결합시키면서, 그것들이 내포할 수 없는 초월적인 의미를 가리키는 지침들로서 종교적 상징에 관해서 똑같은 주장을 한다.24) 하나님은 우리가 만들거나 혹은 우리에게 주어진 것이라고 여기는 어떤 심상들도 초월한다; 예수는 우리가 그에게 돌리는 어떤 종류의 윤리적 규칙들 혹은 영적인 실천들 혹은 예배의 의례들 안에서 사로잡힐 수가 없다. 도로시 엠메트(Dorothy Emmet)가 말하듯이, 우리가 상징들의 문자적 의미를 부정하는 것을 잊을 때마다 우상은 개신교를 위협한다.25) 우리는 감각들의 피조물들이기 때문에 우리는 하나님의 심상들과 하나님을 위한 우리의 말들, 우리의 인간의 반응들과 구조들, 폴 리꾀르(Paul Ricoeur)가 "감각할 수 있는 것에서의 현시"(manifestation in the sensible)라고 부른 것을 필요로 한다. 그에게 상징은 두 가지 방향들을 소유하고 있다; 하나는 상징화된 것의 언어적 혹은 감각적 표현을 향한 것이고, 그리고 다른 하나는 "그 자체가 보이는 것은 물론 또한 숨기는" 더욱이 실체가 없는 실재를 향한 것이다.26) 이리하여 종교적 상징의 양면성과 모호성은, 엠메트가 말하기를, "사고의 경건한 모호함 혹은 혼란의 결과가 아니고 … 그것은 현상적인 형식 속에서 초월적인 것, 유한한 것 속에서 무한한 것의 유사성을 제시하는 종교적 상징주의의 근본적인 곤경을 전달하는 간결한 방법이다."27)

융은 더 구체적으로 그리고 더 정서적으로 하나님의 초월성과 우리의 유한성에 관해 똑같은 주장을 한다. 한편으로 종교적 경

---

24) Paul Ricoeur, *Freud and Philosophy*, trans. Denis Savage (New Haven: Yale University Press, 1970), p. 496.
25) Emmet, *The Nature of Metaphysical Thinking* (New York: Macmillian, 1957), p. 105.
26) Ricoeur, *Freud and Philosophy*, p. 7.
27) Emmet, *The Nature of Metaphysical Thinking*, p. 106.

험은, 마치 우리가 하나님은 진정으로 우리에게 다가와서 우리의 반응을 요구한다고 말할 수 있는 것처럼, 그 자체의 표현을 요구하는 것 같은 힘을 소유한다. 융은 우리의 하나님의 경험은 "표현하기를 힘쓰지만, 그것은 이해를 초월하기 때문에 단지 '상징적으로' 표현될 수 있다고 말한다. 그것은 이런 방식이거나 저런 방식으로 표현되어야 한다… 그것은 구체적인 형태를 취하기 위해 가시적인 삶으로 걸어들어 오기를 원한다."28) 다른 한편으로 우리가 하나님에게 혹은 그리스도 안에 있는 하나님에게 주는 어떤 형식도 시작이 없고, 무한한 하나님을 필적할 수가 없다. 우리는 단지 동의하거나 혹은 거부할 수 있다. 융은 말하기를, "최고의 복종이 있다. 하나님은 그 분이 선택하는 어떤 형태 속에서도 나타날 수 있다… 그것을 그대로 수용하지 않는 것은 복종이 아니다." 그리고 또한 "진정한 그리스도는 자유의 하나님이다."29)

하나님을 우리가 만드는 어떤 형식을 초월하는 분이라고 전달하는 종교적 상징들에 대한 이 태도는 임상적 실천에 직접적으로 적용되고 정신에 대한 융의 특이한 접근을 강조하게 된다. 우리는 환자의 증후와 고민을 듣고, 그리고 우리는 많은 지식을 치료적 과업에 가져오기 위해, 이론의 숙달을 통해서 뿐만 아니라 또한 우리들 자신의 콤플렉스들의 분석의 견딤을 통해서 우리는 훈련받고 준비를 갖춘다. 우리는 많은 것을 안다. 그러나 정신의 객관성을 인정하는 것은 그것이 결코 의식적 앎 아래에 있지 않으며, 그리고 결코 그렇게 되지 않을 것이라는 것을 의미하고, 그리고 더 우리가 우리 속으로 들어가면 갈수록 더 우리는 우리의 전체적 정신을 초월한 그 자체의 권리를 가진 실재를 우연히 만나게 된다는 것을 의미한다. 융은 원형은 "하나님의 도구들"(tools

---

28) Jung, *Letters*, vol. 1 (1973), January 10, 1929, p. 59 (italics in the original).
29) Jung, *Dream Analysis*, pp. 513, 519.

of God)이며, 인간의 정신을 통해 말하는 실재라고 말한다.30) 우리는 이 문제를 통해 이 사람의 운명을 위해 무엇이 작동되고 있는지를 우리가 모른다는 것을 안다.

우리는 증후가 어떤 목적을 겨냥하고 있는가에 대해 개방적이야 하고; 동시에 우리는 이 증후를 가진 사람을 어떻게 구제할 것인가를 알기를 원한다. 융은 우리가 할 수 있는 모든 것을 배우기를 우리에게 권하지만, 그러나 우리가 사무실에서 인간의 살아있는 신비를 직면하면 우리의 이론들을 집어던지고; 듣고 바라볼 것을 권한다. 알 수 없는 것, 알지 못하는 것, 미지의 것에 개방하는 것, 우리의 이론을 넘어 개방하는 것, 듣기 위해 기다리는 것, 환자의 호흡 혹은 피부의 홍조(flush) 혹은 새로운 그 무엇이 나오는 이상한 꿈의 이미지를 붙잡기 위해 기다리는 것—그것들이 우리의 치료적 노력이 되어야 한다. 그의 길고 빛나는 생애가 끝날 즈음에, 위니캇(D. W. Winnicott)은, 특히 그의 해석들이 정확했을지라도, 그가 너무 빨리 말함으로써 그가 끼쳤던 손해에 대해 슬퍼했고, 그것이 환자로부터 영혼을 훔친 것과 같은 것이라고 말했다.31)

미지의 것에 개방적인 것은 모든 분석을 하나의 모험이 되게 만든다. 우리는 그것이 끝날 곳을 알지 못하지만, 그러나 우리는 앎(knowing)과 알지 못함(not knowing) 사이에 있는 공간을 통해, 길 즉 이 특별한 분석을 받는 사람(analysand)을 위한 방법이 나타날 것이라는 것을 안다. 임상 작업으로부터 한 실례는 분석가(analyst)가 진정으로 그녀를 돌보고 있는지를 의심하는 분석을 받는 사람의 복잡한 전이 문제를 불러일으킨다. 치료적 작업은, 친밀하면서도 비개인적인, 회기 밖에서 여전히 살아있지 않은 감

---

30) Jung, *Letters*, vol. 2 (1975), October 1, 1953, p. 130.
31) Winnicott, *Playing and Reality* (London: Tavistock, 1971), p. 57.

정의 교환으로 가득 찬, 자신의 전체의 삶에서 아마 어느 누구에게도 말하지 않은 놀라운 신뢰들로 가득 찬, 그러나 상호적이 아니고 일방적인, 그와 같은 기이한 관계이다. 분석가가 그녀를 돌보는지 혹은 그렇지 않은지를 물을 때, 분석을 받는 사람은 그녀의 개인적 삶에서 그리고 사물의 큰 도식에서 이 관계의 장소에 관해 묻는다. 그리고 불가피하게 그 질문은 이해하지 못하는 분석가의 실패들, 환자에게 항상 상처를 주는 분석가의 실수들을 포함한다. 당신은 나를 낙담시킬 것입니까? 당신은 일단 치료가 끝난 후에도 나를 돌볼 것입니까?

나는 분석을 받는 사람이 질문들을 어떻게 해결하는가를 한 번 이상 경험했고, 그리고 그 해결은 새로운 종류의 앎과 알지 못함의 문제를 불러일으킨다. 그것은 내가 이 입장에서 말했던 것이라기보다는 오히려 정신에 관한 나의 관점―그녀의 관점에 관한 것이다. 나는 내가 아는 모든 것을 정돈하고, 그리고 나는 그것을 그대로 풀어놓고, 그리고 발생한 것, 즉 나에게, 사람에게, 우리 사이에 일어난 것을 나 자신에게 개방한다. 우리는 이것을 종교적 견해라고 부를 수 있다; 임상적으로 우리는 이것을 초심리학적 견해(metapsychological position)라고 부를 수 있다.

내가 선택한 실례는 그녀가 예수를 경유하여 갔을지라도 그녀의 물려받은 유대인 신앙으로 그녀의 길을 갔던 한 여인에게서 나왔다. 이 회기에서 그녀는 그녀의 토라(Torah) 반에 관해 말했다. 그녀는 유대교 안의 모든 계명들은, 여기 이 육체적이고 유한한 삶 속에서, 우리가 사물의 단일성(Oneness)을 인정하는 통로들이라는 통찰력에 도달했다. 율법의 모든 구체적인 항목들은 우리가 단일자(One)와 연결하는 방법들이고, 그리고 여기서부터 축복들이 나온다. 우리가 이 많은 규정들이 삶의 근본적인 단일성에 연결된 것으로 이해하지 않는다면, 그것들은 망상적-강박적 무질

서로 악용될 것이다. 이것이 모든 것 뒤에 있는 단일자의 깊은 의미에 이르기 위한 육체 안에 살아있는 율법이다. 이 연결로 인해 이 여자는 열등감의 복잡한 감정들을 극복할 수 있었다. 그녀는 말하기를, "내가 참여한다면 나는 하나님이 세상에 임하도록 돕는 공헌을 할 수 있다; 어떤 의미에서 이 분(하나님)을 돌보고 이 분을 세상에 임하도록 하는 것이 나의 일이다."

그녀의 통찰력은 내가 그녀의 분석에서 행했던 전이 역할과 그 해결에 연결된다: 그녀는 우리 두 사람이 내가 상징화하려고 했던 것에 연결되어 있다고 본다. 나를 통해 이 분(this You)에게 가는 대신에, 그녀는 같은 편이 된 우리 두 사람이, 말하자면, 그녀가 유대교의 연구에서 발견한 이 분에 관심을 가지고 있다고 본다. 그녀는 내가 지금 내적인 현존이며, 분석에서 그녀의 사역의 증인이라는 것을 느끼고, 그리고 그녀는 다른 사람의 돌봄을 얻어야 한다는 평생의 확신을 결국 무시할 수 있다는 것을 느낀다고 말한다.

그녀는 말하기를, "당신은 나와 내 안의 이 분(하나님) 사이에서 내 안에서 계속되고 있는 이 사역에 이미 관심을 가지고 있기 때문에, 나는 당신의 관심을 얻거나 유지하거나, 당신이 나에게 관심을 가지도록 할 필요가 없다. 나도 역시 이 더 큰 분 혹은 당신(You)에 관심을 가지고 있고, 그 분이 내 안에서 어떻게 역사하고 있는가에 관심을 가진다. 나에 대한 당신의 관심은 이미 거기에 있는데, 그것은 나와 이 분 사이에서 이 계시가 어떻게 작용하고 있는지를 본다는 점에서 일종의 비개인적이기도 하고, 그러나 그 계시가 내 안에서, 나의 특별한 삶 속에서 어떻게 펼쳐지는가에 관해 당신이 관심을 가지고 있기 때문에 그것은 매우 개인적이기도 하다."

이 사례는 우리의 의식적 정신체계들과 무의식적 정신체계들 사이에서 생기는 종류의 앎을 예증한다. 다른 곳에서 나는 그것을 이중의 비전[32], 혹은 동시적 혹은 공시적(synchronistic) 의식이라고 부르는데, 왜냐하면 우리는 말들을 숙달되게 사용하는 쪽으로 바꾸어 의식의 소통을 목표로 하기도 하고―융은 이것을 지시적 사고라고 부른다―동시에 우리는 무의식의 표현이 풍부하고, 영상과 같은(imagistic), 본능을 배경으로 한 과정 쪽으로 바꾸기도 한다―융은 이것을 비지시적 사고라고 부른다―그는 정신질환으로 연상되는 것으로부터 이것을 구제했다. 그와 같은 비지시적 사고는 우리 모두 안에서 일어나고, 그리고 어린이의 정신적 과정들, 창조적인 사람들, 꿈꾸는 것과 같은 특징을 가지고 있다.

세 번째 종류의 앎은 지시적이면서도 또한 비지시적인 사고의 성질을 가지고 있다. 그 안에서 우리는 마치 한 눈으로 여기 그리고 지금을, 그리고 다른 한 눈으로 나의 환자가 모든 것의 뒤에 있는 단일자(One)라고 부르는 것을 보는 것처럼 본다. 실제적으로 이것은 내가 분석을 받는 사람이 말하는 것에 반응할 수 있는 사고들을 안다는 것을 의미하고, 그리고 동시에 나는―사람이 2년 전에 가졌던 한 꿈이 생각나거나 혹은 나 자신의 기억들 중에 한 기억 혹은 하나의 육체적 감각이 생각나는 것과 같은―새로운 이미지들이 솟아오르는 곳을 알지 못하나 그것에 개방되어 있다는 것을 의미한다. 이 비어있는 주의력은 창의력이 풍부하며, 그리고 분노 속에 있는 다른 분석을 받는 사람(analysand)이 그 자신의 내부의 삶을 황폐하게 하면서 내 속에 똑같은 것을 불러일으킬 때 내 위로 내려오는 공백(blankness)과

---

32) Unlanov, *Spiritual Aspects of Clinical Work*, pp. 127-29. 또한 Ulanov, *The Unshuttered Heart: Opening to Aliveness/Deadness in the Self* (Nashville: AbingdonPress, 2007), chap. 2를 보라

는 매우 다르다. 그곳에서 나는 생각할 수 없고, 그리고, 마치 주문에 홀려 모든 것이 죽음으로 변하는 것과 같이, 멍한 감각을 제외하고 어떤 것도 전혀 나에게 일어나지 않는다.

임상적 작업에서 이 세 번째 종류의 의식에서 일어나는 것은 우리의 의식과 무의식의 두 가지 정신적 체계들의 결합과 대극의 것들이 동시에 발생하는 것이다. 우리는 정신이 우리에게 말을 걸고, 우리가 다가오는 새로운 것을 발명하지 않는다는 것을 이 동시에 존재하는 의식 안에서 확신한다; 그것은 우리를 직면하거나, 혹은 우리를 심하게 추적하거나, 혹은 우리를 소환하고, 그리고 우리의 삶들의 사건들을 창조적으로 정교하게 만든다.

이 정신의 필요하고 건강을 주는 사역은 해리 윌머(Harry Wilmer)가 외상후 스트레스장애의 고통을 겪고 있는 베트남 퇴역군인들에게 행했던 치료에서 증명되었고,[33] 그리고 『마법사의 문』(The Witzards' Gate)에서 나의 말기의 병 환자에 의해 예증되었다. 거기에 죽음을 다루는 사건들이 사람을 단조롭게 하고, 그리고 정신이 이 사건들(예를 들면, 전쟁 외상의 반복적인 악몽들 혹은 죽음을 가져오는 종양)과 상징적으로 놀기 시작할 때에야 비로소 치유는 시작될 수 있다. 퇴역군인이 그의 모든 전우들을 죽이는 저격병들의 재연을 꿈꾸기 시작할 뿐만 아니라, 또한 그가 저격병이 되는 시나리오 혹은 해리(Harry)가 공격에서 살아남는 꿈속으로 끌러 들어가는 시나리오가 나타나기 시작할 때, 외상의 꽉 쥐는 고통은 사라지고 애도는 시작된다. 나의 환자의 경우, 어두움에서부터 그녀를 정면으로 맞섰던 것을 그림으로 그리면서, 그녀는 그녀의 종결 분석의 공포에서부터 그

---

33) Wilmer, "War Nitemares: A Decade after Vietnam," in *Vietnam in Remission*, ed. James F. Veninga and Harry A. Wilmer (College Station: Texas A & M University Press, 1985).

녀를 해방할 수 있었고, 따라서 그녀는 죽을 때까지 바르게 살면서 그것을, 섭리가 아닌, 운명으로 돌리며 그녀의 최후를 맞이할 수 있었다.34)

그러나 모든 것이 정신에게 달려있는 것은 아니다. 의식의 중심, 우리의 작은 자아와 함께 우리의 승인은 발생하고 있는 것에 반응해야 한다. 이 두 가지 것들은—정신의 자발적인 활동과 발생했던 사건과 함께 우리가 그것을 목격한 것—치유하는 치료적 사역의 요소들을 구성한다. 예를 들면 퇴역군인이 해리에게 그리고 병원에서 꿈을 꾸는 그의 동료 환자들에게 그의 꿈을 말할 때 그는 그의 말에 유의한다; 그는 그의 동료들과 그의 의사에게 꿈을 말하는 그의 경험에 반응한다. 나의 환자는 그림을 그리는 것과 그녀가 그린 것에 대한 우리의 반응들에 힘껏 반응했지만, 그러나 종양의 위치를 알아낸 것이 그녀에게 말을 빼앗아갔기 때문에 상황은 점점 더 호되게 변해갔다. 우리는 반응할 필요가 있다. 우리는 역시 투표하고, 그리고 항의하고, 논쟁하고, 거절하고; 혹은 동의하고, 즐겁게 동의하고, 추측하고, 곰곰이 생각한다; 그러나 우리는 반드시 반응해야 한다. 따라서 이 세 번째 종류의 의식은 우리가 창작하지 않은 어떤 것과 또한 우리의 개인적 응답의 성질을 가지고 있다.

종교적 생활에서, 내가 믿기로는, 이 세 번째 종류의 의식은 또한 현존한다. 거기에서 우리는 우리의 매일의 생활을 보면서 그리고 예배 안에 성만찬 시간에, 예를 들면, 그리스도의 희생이 지금도 계속되고 있다는 것을 인정하면서 이중의 비전을 가진다. 우리가 받는 성만찬은 영원에 이르는 창문으로서 역할을 한다. 그리스도는 우리가 지하철을 타기 위해 서두르거나 혹은 직장

---

34) Wilmer, "War Nightmares"; Ulanov, *The Wizards' Gate*, pp.73-88.

가는 길에 교통 혼잡을 뚫고 차를 운전하듯이 곧장 우리의 문을 두드리고 있다. 바로 지금 우리가 무엇을 하든 그리스도는 마실 수 있는 영의 생수를 제공하고 있다. 두 가지가 모두 진실하다: 유한한 것과 무한한 것, 인간적인 것과 신적인 것이 동시에 일어난다. 이 신학적 사실 위에서 묵상하는 것은 연소―섬광들, 불꽃들을 만드는 것이다!

우리가 교파적인 의미에서 종교적이라고 정의하든 혹은 정의 안하든, 융은 우리 모든 사람이 우리 각 사람 안에 그리고 우리 모든 사람 가운데 살아있는 정신에 종속되었다고 본다. 비록 우리가 그 본능이 하나님의 의지 내에서 야성을 포함한 야생동물들만큼 경건하지 않을지라도, 그는 우리를 종교적 동물들로 이해한다. 우리의 종교적 본능은 우리가 의미를 만들고 그것을 표현할 상징들과 의미에 대한 우리의 관계를 창조하도록 강요한다. 우리의 종교적 본능은 의식적으로 신성(deity)과 관계를 맺으려는 능력으로 존재한다. 이 본능적인 에너지를 억압하거나 혹은 그것에서부터 멀리 분리하는 것은 이것이 우리의 성 혹은 배고픔 혹은 공격의 본능과 관련하여 발생하는 것만큼 확실하게 우리를 병들게 할 수 있다.[35] 부정된 성(sexuality)이 다른 대상들로 전치될 수 있고, 그것들에 대한 우리의 애착을 타오르게 할 수 있듯이, 마찬가지로 우리의 부정된 종교적 본능도 그렇게 할 수 있다. 이 본능의 에너지는 어디론가 가야한다. 그것이 궁극적인 쪽으로 방향을 잡지 않으면 그것은 광적으로 변하거나 혹은 유한한 것에서 우상들을 만들 것이다. 융이 우리를 상기시키듯이, "우리가 그 무엇을 '광적인 것'이라고 부르든 혹은 '신'으로 부

---

[35] Jung, *Psychology and Alchemy*, vol. 12 of *The Collected Works of C. G. Jung*, trans. R. F. C. Hull (New York: Pantheon, 1953), para. 11.

르든 그것은 차이의 문제가 아니다 … 신이 인정받지 못할 때 자아의 열광(mania)이 발달하고 이 열광에서 병이 발생한다."36

소명(Vocation)

융은 정신의학자이었다. 그는 신학자라고 선언하지 않았지만, 그러나 정신의 사실들에 의해 신학적인 조류들 속으로 이끌려 들어갔다. 그는 사람들이 삶이 그들에게 의미하는 것과 어떻게 이 의미를 만들고 받아들이는 과정으로 들어가는가를 재발견하기까지 그들이 건강하게 살 수 없다는 것을 발견했다.37) 종교적 전망은 건강에 필수적이다. 융에게 이것은 부름, 소명이었다. 당신의 존재의 의미는 무엇인가? 당신은 이것을 회피하는가? 당신은 이것에 동의하는가? 자기를 발견하는 것이 하나님을 발견하는 것이고, 하나님을 발견하는 것이 자기를 발견하는 것(어거스틴의 개념)이라는 더 깊은 개념은 이 개념 안에 깃들어 있다. 그것들은 동일한 것은 아니지만, 그러나 그것들은 신비하게도 연결되어 있다.

융이 객관적인 정신을 말할 때 그는 우리가 동일한 인간의 신체 구조를 공유하고 있듯이 우리 모두가 "동일한 일차적인 정신적 상태"(same primary psychic condition)를 소유하고 있다는 것을 의미한다. 우리는 동일한 종류의 정신의 삶을 가지고 있지만, 그

---

36) Jung, "Commentary on the Secret of the Golden Flower," para. 55; 또한 Ulanov, "Jung and Religion," in *Spirit in Jung* (Einsiedeln, Switzerland: Daimon, 1977/1999/2005), chap. 7을 보라.
37) Jung, *Memories, Dreams, Reflections*, p. 351.

러나 동일한 정신의 삶을 가지고 있지는 않다. 우리 모두는 성, 공격, 배고픔과 꿈과 관계가 있는 가능성들과 문제들을 공유하고 있지만, 예를 들면, 그러나 개인적으로 그리고 문화적으로 우리는 다른 반응들과 해결들을 만든다. 우리는 객관적인 정신을 추상적으로 "보편적이고 한결같은 자료"(datum)로서 단지 말할 수 있지만, 그러나 이 객관적인 정신이 살고, 실현되기를 원하는 한, 그것은 당신, 나, 우리 안에서 개인적인 인간 존재를 통해, 개인적인 단위들(units)로 그 자체를 표현한다. 우리가 개성화를 향한 이 충동의 선동들을 참아내지 못한다면, 객관적인 정신은, 개인으로서 혹은 그룹으로서, 무의식적으로 우리를 사로잡을 수 있고, 그리고 "그것이 어떤 의식에 의해 동화되거나 혹은 삶의 존재하는 조건들 가운데 그 위치를 배당받지 않기" 때문에 그것은 항상 파국을 초래한다.[38]

융이 여기에서 추구한 것은 개성화하려는 욕구, 삶 그 자체에 의해 고무된 우리 자신에게 주어진 모든 것을 실현하려는 욕구이다: "삶의 법칙은 항상 삶을 개인적으로 살고 싶은 경향성이다."[39] 이 가능성과 부담은 분석을 하고 있는 엘리트들(elite), 종교를 가지고 있는 특권을 가진 사람들이 아니라, 사회적, 경제적, 혹은 교육적 계급에 의해 정의된 어떤 분야는 말할 나위도 없고, 인종 혹은 성별도 말할 나위가 없이, 각 사람과 모든 영혼, 모든 인간에 속한 것이다. 이것은 정신의 민주주의이다: 부름, 소명, 당신에게 주어진 모든 것을 실현하려는 것은 우리 각 사람과 모든 사람에게 말을 건넨다.[40]

---

38) Jung, *The Development of the Personality*, vol. 17 of *The Collected Works of C. G. Jung*, trans. R. F. C. Hull (New York: Pantheon, 1932/1954), para. 307.
39) Jung, *The Development of the Personality*, para. 307.
40) Jung, *The Development of the Personality*, para. 302, 307.

우리는 어떻게 반응할 것인가? 반응은 요구된다: 그것은 예, 아니오, 두려움 혹은 해방감일 수 있다. 융은 심지어 신경증을 "정신의 객관적 내적인 활동을 저항하는 방어, 혹은 내적인 음성과 소명에서부터 도피하려는 시도"로서 이해한다.41) 우리는 누구로부터 오는지 혹은 무엇을 위한 것인지를 모르기 때문에 부름을 받는 것을 두려워한다. 작은 소녀의 마음으로 그녀는 종교적 소명으로서 선교사역을 단지 알았지만 그녀는 집을 떠나 오물과 벌레들이 가득한 이상한 땅으로 떠나는 것을 두려워했다. 따라서 심지어 작은 소녀로서 그녀의 미래의 삶의 기초를 이루는 신학적 질문은 던져졌다: 하나님의 사랑은 나에게 무엇을 희생할 것을 요구하는가?

우리는 이 소명이 우리를 고립시킬 것이기 때문에 그것을 두려워한다; 사람들은 우리가 미쳤다고, 환상에 사로잡혔고, 그리고 다른 사람들을 조종하기를 원한다고 말할 것이다. 우리는 혼자가 될 것이고, 인기가 없을 것이고, 추방될 것이고, 그리고 우리가 예라고 말한다면 나타날지도 모르는 것을 무서워하게 될 것이다. 그럼에도 불구하고 우리 각 사람은 대답해야 한다. 그리고 우리가 예라고 대답한다면, 우리는 이 내적인 격려에 우리가 종교적 경험에 주는 똑같은 신뢰하는, 주의 깊은, 고려하는 태도를 주어야 한다. 이래서 융은 우리 모두가 되려는 부름과 하나님에 대한 부름은 연결된 것이라는 것을 발견한다: "진정한 성격은 항상 소명이며 단지 개인적인 감정이 있음에도 불구하고 하나님 안에서처럼 그것 안에 신뢰를 가지고 있다."42) "자기 자신의 존재의 법칙에 대한 충성은 성실한 인내와 자신 있는 희망이다; 짧게

---

41) Jung, *The Development of the Personality*, para. 313.
42) Jung, *The Development of the Personality*, para. 300.

말해서, 종교적 인간이 하나님을 향해 가지고 있는 것과 같은 태도이다."43)

우리는 이것이 단지 개인주의, 이기적 방종, 그리고 우리의 이웃을 배제하는 웅대한 자기-이상화(self-idealization)라고 말하면서 몸을 피하지 않기 위해, 우리는 하나의 전체로서 사람들의 모든 부분이고, 우리 각 사람은 같은 부름을 받는다는 것을 단지 기억할 필요가 있다. 이런 의미에서 우리는 피난민들의 동료이고, 체류자들의 자매이다. 이것은 우리 "자신의" 법칙이 아니라 정신이 우리에게 부여한 필요성에 대한 우리의 응답이며 우리의 개인적 삶들의 조건들 안에서 그 필요성에 동의할 수단들과 형식들을 발견하려는 우리의 투쟁이다.

우리의 개인적 반응은 우리의 문화, 역사 안에 있는 우리의 시간, 그리고 우리의 공동체의 조건들 안에서 펼쳐지고, 그리고 다른 사람들과 공유된 존재에 우리의 특별한 기여가 될 수 있다. 동의하는 것은 가끔 더 많은 고통을 의미한다; 동의하는 것은 항상 우리 모든 사람들 가운데 얼마나 많은 고통이 있는가를 더 의식하는 것을 의미한다. 이것은, 모든 가족 구성원들 가운데, 대대로 내려오는 가족의 콤플렉스들을 의식하는 딸과 같다. 그녀는 가족 구성원과 관계하여 그들이 무의식적으로 서로에게 넘겨준 것을 의식적으로 그녀의 개인적인 방식으로 풀어나간다. 한 어린이는, 어른이 되었을 때, 그의 자녀들에게 학대를 넘겨주지 않는 학대받은 희생자가 될 수 있지만, 그러나 대신에 그와 같은 파괴적인 행동의 깊은 원천들을 해결해야 한다. 더구나 자신의 소명을 받아들이는 것은 역사 안에서, 공동체 안에서, 그룹 안에서 그리고 가끔 세계 안에서 객관적인 정신을 다스리는 것에 자신을 노출하는 것을 의미하고, 그리고 자신의 개인적인

---

43) Jung, *The Development of the Personality*, para. 296.

삶에서 문제로 고통을 겪고 변형을 위해 거듭거듭 노력해야 하는 것을 의미한다.

융은 그가 이것을 했다고 믿었고, 그리고 그는 "나의 삶이 취했던 과정에 만족한다"고 말했다. 그는 많은 대극의 반응들―곤란한, 우울한, 열광적인… 그리고 궁극적인 가치 혹은 가치 없음을 결정할 수 없는… 그리고 명확한 확신들이 없는―을 스스로 느꼈을지라도, 그럼에도 불구하고 말하기를, "나는 모든 존재의 기초를 이루는 견고함(solidity)과 나의 존재의 양식에서 계속성을 느낀다."44)

심리학적 관점뿐만 아니라 신학적 관점에서 보면, 우리를 소환하는 것에 자신의 모든 마음, 심장과 힘을 가지고 반응하는 것은 위험한 일이다. 융이 말했듯이, "하나님에게 항복하는 것은 무서운 모험이다 … 그것에 전적으로 자신을 내걸 수 있는 사람은 하나님의 손에 있는 자신을 직접적으로 발견한다 … 기독교 신앙은 모험의 치명적인 위험을 주장한다."45)

---

44) Jung, *Memories, Dreams, Reflections*, p. 35.
45) Jung, "Letters to Pere Lachat," in *The Symbolic Life*, vol. 18 of *The Collected Works of C. G. Jung*, trans. R. F. C. Hull (Princeton: Princeton University Press, 1954/1976). para. 178.

나쁜 것은 어디에 두어야 하는가?
여성적인 것은 어디에 두어야 하는가?

그림자와 냉혹함

우리가 모두 자신이 되려는 우리의 소명(vocation), 하나님으로부터 나온 것과 같다고 느끼는 부름(call)의 본질에 대한 융의 개념을 진지하게 받아들인다면, 우리는 어떻게 반응할 것인가? 우리가 이 격려에, 우리의 존재를 실현하기 위해 그림자들에서부터 앞으로 나아가야하는 이 필요성에 우리가 조심스러운, 신뢰 깊은 주의를 기울인다면 무엇이 발생할까? 우리는 우리가 포함하기를 원하지 않는 우리의 부분들, 미쳤거나 혹은 수치스러운 부분들을 즉각적으로 생각하기 때문에 항상 두려움이 우리 안에 발생한다. 우리는 우리가 과감하게 나가고 싶지 않지만, 그러나 우리가 "그곳을 넘어서는" 편이 더 낫다고 생각하는 우리의 이웃 사람들과 이웃 나라들과 세계의 부분들을 생각한다. 혹은 우리는 해결된 문제들로서, 고쳐야할 결함들로서, 개혁되어야할 잘못들로서, 이 모든 부분들, 우리 혹은 다른 사람들의 부분들을 바라본다. 우리는 모든 사람을 우리의 관점, 우리의 하나님의 비전으로 바꾸기를 원하고, 심지어 그들이 응하지 않으면 추방으로 위협한다.

　우리의 종교적 비전을 단지 진실한 것과 이렇게 동일시하려는 위험— 동의하지 않는 사람들을 이렇게 추방시키는 것— 을 우리는 9/11의 공격에서 가깝게, 직접적으로, 최근에 보았다. 아이맘(Imam)이 말했듯이, "나의 이슬람의 의견과 행동을 같이하지 않는 사람들은 이단자이며, 먼지이다"라는 말은 이 견해를 설명하는데, 그는 우리가 참여했던 공개토론회에서, 잘못 지도를 받았다는 것이 확인되었다. 진실로 뉴욕 안에서 우리는 우리의 이웃들이 재로 변했고, 우리의 건물들이 먼지의 잔해들로 붕괴된 것을 여전히 본다. 그라운드 제로(Ground Zero)의 거대한 개방된 공간은 우리가 신학적인 폭력(bullying) —내가 하는 대로 믿어라 그렇지 않으면 당신은 죽고 사라질 것이다— 을 범했을 때 인간 가족 안에 만들어진 거대한 구멍을 우리에게 상기시킨다.

　그 다음, 두려움은 우리의 소명—더 충만하고 더 넓은 삶에 대한 소환—을 수반하는데, 그것은 융에게 또한 더 큰 의식 중의 하나이다. 두려움은 우리가 신학적 입장들을 맑게 하는 다른 수단으로서 정신의 섞어 짜진 것(interweaving)을 보려는 우리의 계획에 참여한다. 독특하게 나쁜 것에 대한 두려움은 일어나는데, 그렇다면 우리는 그것을 어디에 두어야 하는가? 우리 안에, 우리 그룹 안에, 우리 세계 안에 나쁜 것—융이 그림자 내용(shadow contents)이라고 부른 것(우리가 선을 조명하려고 노력하는 동안 항상 그것이 우리가 그늘에 방치하는 나쁜 것이기 때문에)—을 받아들이기 위해서 우리는 냉혹함이 필요하다. 이것은 거기에 있는 것과 거기에 없는 것을 꿰뚫어 보도록 결정된 본능적 에너지를 의미한다. 그것은 자발적이고, 튀어 오르고, 고집이 세기 때문에, 우리는 정서적 진리, 정의의 진리, 신학적 진리에 덤벼들며, 교수 회의실에서 코끼리에 관해 소리 내어 말할 수 있는 내적인 강렬함을 경험한다. 마음을 사로잡는 솔직함을 가지고, 잠시 동안 자기 혹은 타인에 대한 결과에 관심도 없이, 이 냉혹한 에너지는 당위성이 아닌 현실성을 찾으며, 우리가 필요로 하거나 혹은 소원하거나 혹은 심지어 두려워하는 것이 아닌, 본질적인 것을 찾는다. 나는 아무개(so-and-so)를 질투한다; 나는 성공해서 최고의 자리에 오르기를 원한다; 나는 원한을 가지고 내가 행하는 것을 부정한다; 나는 나의 신체를 수용하지 않고 그렇게 하기를 원하지 않는다; 나는 다른 신체를 원한다; 나는 나를 보지 않거나 사랑하지 않는 당신을 미워한다; 나는 나의 재능들을 무시한다; 라는 사실을 직면하는 데 많은 에너지가 필요하다. 그림자를 직면하는 것은 냉혹한 에너지가 필요하다. 그러나 소명은 그림자를 통해 시작될 수 있다.

우리는 가끔 자아가 나쁘거나 혹은 다른 것으로 나타나는 것을 통해, 혹은 우리가 동의하는 인습, 그 인습이 명령하는 것보다 다른 것을 통해 처음으로 부름을 듣는다. 나의 환자 중의 한 명은 수 십 년 후에 고통스러운 이혼으로 끝난 결혼이지만, 그녀가 남편과 결혼했던 이유를 기억하면서 큰 위안을 발견했다. 그녀는 그와 같은 나쁜 선택을 할 정도로 너무나 어리석었던 자신을 호되게 책망했다. 그러나 한 소녀가 단지 독립하기 위해서가 아니라 단지 결혼하기 위해 그녀의 가족을 떠날 수 있다고 명령했던 문화 속에서, 한 때 그녀의 영을 파괴했던, 그녀의 원가족에서 벗어나고 싶은 그녀의 긴급한 요구에 대한 그녀의 통찰력을 통해 그녀는 자기비난에서 해방되었다. 그녀는 그렇게 어리석지 않았고; 그녀는 한 가지 가능한 도피 방법을 발견했던 것이다. 다른 실례들은 사람이 여전히 소중하게 붙들 수 있는 규칙들을 실제로 깨뜨린다. 한 남자는 "그것은 내가 믿는 모든 것을 거부한다. 내가 어떻게 이와 같은 것을 저지를 수 있을까?"라고 말하면서,

그가 혼외정사에 빠졌다는 깊은 충격을 느꼈다. 그러나 그는 이 사랑을 포기하려는 생각으로 인해 죽고 싶다는 것을 느꼈다; 그는 그것이 없이 살 수 없는 영혼의 어떤 잃어버린 조각을 발견했다. 이리하여 그의 자신의 형벌에 매달린 채, 그는 정반대의 방향들로 찢어지는 고통을 느꼈다.

우리를 직면하기 위해 솟아오르는 모순들은 우리가 의식하지 못하는 우리 자신의 부분일 뿐만 아니라 또한 우리의 공동체 안에 파묻혀 있는 부분들을 제시한다는 사실은 여전히 더 마음을 사로잡는다. 그리스도의 유혹들은 놀라운 실례를 준다. 물론 우리는 굶주린 아이들을 먹이거나 혹은 세계에 평화를 가져오거나, 혹은 모든 국민들 가운데 하나의 통일된 신앙을 가지는 것을 원한다! 우리가 어떻게 그것들을 저항할 수 있겠는가? 다른 모든 귀중한 가치들 이전에 첫째가 되면서, 하나의 진실한 것을 구별하는 예수의 이야기는 진실로 깜짝 놀라운 것이다.

융은 우리가 모두 우리 자신들이 될 것을 요구하는 내적 음성이 부정적인 어떤 것을 통해 항상 슬그머니 들어와서, 우리의 이웃 사람이든, 우리의 나라이든, 혹은 전 인류이든, 우리의 그룹 안에 있는 모든 사람을 괴롭히는 고통을 우리가 의식하도록 만든다는 것을 말하기까지 한다.[46] 그러나 우리는 그것을 우리의 특별한 개인적 형식 안에서 경험하기 때문에 우리는 그것을 단지 우리의 문제라고 생각한다. 두 가지 위험들이 우리를 위협한다. 우리는 이것이 단지 우리의 수치스러운 문제라고 생각하기 때문에, 우리는 그것을 제거하기를 시도하는데, 이것은 항상 그것을 우리의 이웃에게 투사한다는 것을 의미한다. 우리는 그것을 지배하거나, 그것과 싸우거나, 그것을 추방시키기를 시도한다. 그 다음

---

[46] Jung, *The Development of the Personality*, vol. 17 of *The Collected Works of C. G. Jung*, trans. R. F. C. Hull (New York: Pantheon, 1934/1954), para. 319.

우리는 그것이 변형될 때까지 그것과 만나지 않고 투쟁하지도 않는다. 다른 위험은 우리는 전적으로 그것에 굴복하고 그 아래로 내려가는 것이다. 어느 것도 전혀 상황을 변화시키지 못한다.

일을 변화시키는 것은 그림자 안에 담긴 것들에 "단지 부분적으로 굴복하고" 우리의 자아 가치들을 주장함으로써 반응하는 것이고, 이렇게 함으로써 이 충돌하는 대극들 사이에서 강인하고 의식적인 대화를 시작하는 것이다.47) 우리는 모순이 충돌하는 고통을 겪는다. 우리는 서로 오해하며 엇갈리다가 천천히 두 가지 방향들에서부터 어떤 것을 동화시키게 되며, 여기서부터 세 번째의 새로운 태도, 상징 혹은 가능성이 마치 하나님의 음성과 같이 나타난다.48) 심리학적 관점에서 보면, 융이 초월적 기능49)이라고 부른 이 과정은 개성화에 대한 격려 속에 혼합된 선과 악을 분화시키는 것을 의미한다. 융은 말하기를, "가장 높은 것과 가장 낮은 것, 가장 최선의 것과 가장 비열한 것, 가장 진실한 것과 가장 기만적인 것들이 가끔 가장 당황케 하는 방법 속에 내적인 음성으로 함께 혼합되어 있으며, 따라서 그것들은 우리 안에 혼돈, 거짓과 절망의 심연을 연다."50) 개인들이 선과 악을 본질적으로 구별하기 위해 투쟁할 때 그것들의 구별은 우리 나머지 사람들에게 사물을 더 분명하게 만든다; 그것을 행하는 사람은 이전에 우리 나머지 사람들에게 유용할 수 없는 분별의 가능성들을

---

47) Jung, *The Development of the Personality*, para. 319.
48) Ulanov, "The Transference and the Transcendent Function and The Transcendence," chap. 13 of *Spiritual Aspects of Clinical Work* (Einsiedeln, Switzerland: Daimon, 2004), pp. 330-32.
49) Jung, "The Transcendent Function," in *The Structure and Dynamics of the Psyche*, vol. 8 of *The Collected Works of C. G. Jung*, trans. R. F. C. Hull (New York: Pantheon, 1916/1960), paras. 131-193.
50) Jung, *The Development of the Personality*, para. 319.

일반적인 정신의 분위기에 넣는다. 이런 방식으로 공동체는 조금 못한 의식적 수준 위에 건설되며; 그것은 선을 더 가능하게 만들고 악은 더 회피하도록 만든다.

예를 들면, 뒷궁리 속에서, 콜럼바인(Columbine) 고등학교의 어떤 학생이 다른 아이들을 "학교의 쓰레기"라고 쫓아내려는 아이들 안에 표현된 파괴적인 에너지와 맞서 싸운다면, 아마 두 소년들은 보복하면서 그들의 가치를 주장하기 위해 살해와 자살보다 다른 방법들을 상상적으로 생각할 수 있었을 것이다. 혹은 내가 기억하기로는, 나의 아들이 두 살이었고 파괴적이고 위험한 짓을 했을 때, 그에게 이것이 왜 잘못되었고 행해서는 안 될 것인가에 대해 합리적이고 차분한 음성으로 주의를 주었다. 내가 말했던 어떤 것도 나쁘지 않았지만; 그러나 나의 억양은 경멸적이었다. 나는 내가 화가 나서 나의 아들에 대한 분노를 거두어서는 안 된다고 생각했지만, 나는 그보다도 합리적이었다. 그러나 내가 직면하지 않았던 분노는 무례한 억양 속에 스미어 나왔고, 그는 바로 내 눈 앞에서 구겨졌다. 나는 몸서리쳤다. 나는 또한 비효과적이었다. 나중에 그는 같은 짓을 다시 범했고, 그것은 나에게 다른 기회를 주었다. 아이들은 너무나 관대하다. 이번에 나는 끓어오르는 나의 분노를 직면했다. 나는 무엇을 하고 혹은 말할지를 몰랐다. 그래서 나는 나의 분노에 형식을 주었다. 나는 큰 소리로 말했다. 그것은 확실히 그의 주의를 붙잡았다! 이 호랑이는 누구인가? 그는 그가 행했던 나쁜 것은 무엇이든 멈추었고, 나를 호기심을 가지고 바라보았다. 그는 구겨지지 않았고, 위험한 행동을 반복하지 않았다.

신학적 관점에서 악의 주문 아래로 전적으로 떨어지지 않고, 혹은 그것을 고치거나 혹은 근절할 열심을 가지고 그것으로부터 위로 도망가지 않고, 우리 안에 있는 악을 직면하는 것은 이 나쁜 특질 혹은 태도 혹은 완고한 거절을—예, 그것이 역시 나라는 존재입니다, 그것은 나의 부분입니다— 라고 말하면서 냉혹하게 수용하는 것을 의미한다. 우리는 이것을 하는 것을 결코 원하지 않고 이것이 우리에 관해 진정으로 사실이 아닌 이유들을 가지고 있다. 양과 염소의 비유에서 예수는 너희들이 가장 작은 소자에게 반응하는 것이 너희들이 곧 나에게 하는 것이라고 말한다. 그는, 그들이 감옥에 있는 사람을 방문했거나 혹은 목마른 사람에게 물을 주었거나 혹은 벌거벗은 여인에게 옷들을 주었기 때문에, 놀랍게도, 양으로 판명된 그들에게 사실상 그들은 이것들을 예수에게 가져왔다는 것을 보여준다. 우리는 이 비유를 서로 함께 나누는 우리의 삶에, 사회적 정의에 대한 우리의 관심들에 바로 적용한다. 그러나 내적 정의는 어떻게 하면 좋을까? 엄격한 방어들 혹은 망상적-강박적 무질서 안에 갇힌 우리의 부분은 어떤가? 우리는 그 부분을 시찰하거나 혹은 그것을 멸시하는가? 거의 벗겨진 취약함을 어떻게 하면 좋은가? 우리는 돌봄으로 그 무방비 상태를 덮는가? 먹일 필요가 있고 흘러나오는 감정과 다시 연결할 필요가 있는 우리의 영혼은 어떻게 하면 좋은가? 우리는 그것에 물을 갖다 주는가 혹은 그것을 무시하는가?

  신학적으로 우리 안에 있는 악, 그림자를 직면하는 것은 바울이 선언한 놀라운 사실을 마주 대하는 것을 의미한다: 하나님은 우리를 사랑하지만 동시에 우리는 여전히 죄인이다.[51] 우리는 부드럽고, 건강하고, 분석을 받고, 문제가 없을 필요가 없다. 우리는 우리 이 모습 이대로—혼합물들; 비틀거리는 사람들; 거지들; 나는 소명을 모른다고 말하는 사람; 몸부림치는 사람—사랑받는다. 예수는 예약된 여관이 아닌 마구간의 오물 속에서 태어났다. 따

---

51) 로마서 5:8

라서 우리는 우리 삶 속에 있는 마구간의 오물— 결혼의 긴장들, 깨어진 가슴들, 깨어진 관계들, 파묻은 분노들과 사무친 원한, 사기 행위의 사실들, 도적질, 간사함, 시도하기를 거절함, 우리가 인정하지 않을 희망들, 정신적인 혼란들, 사회적 차별—을 감히 무시해서는 안 된다. 이런 것들이 우리가 아는 오물을 구성한다.

　임상적으로 그리고 실제적인 삶의 관점에서, 융의 그림자의 개념은 매우 유용하며, 이것은 우리가 우리의 개인적이고도 또한 사회적 관계들 속에서 배제시켰다고 항상 생각하던 것과 화해하는 데 진정한 기여를 한다. 개인적인 차원에서 우리의 그림자는 우리가 원하지 않는 모든 것, 가끔은 우리의 부모들이 나쁜 행동이라고 우리에게 말했던 모든 것이다; 그것은 우리가 개선해야할 모든 것, 우리가 수선하고 극복하고 그것으로부터 이동해야하는 모든 것이다. 그것은 우리가 동거인 속에서 싫어하는 모든 것이다. 육체적인 그림자와 같이, 우리의 그림자는 세 가지 차원들을 더하면서 항상 우리 뒤에 있기 때문에 우리가 그 깊이를 본다는 것이 어려울지라도, 우리의 적들은 우리의 그림자가 곧 무엇인지를 우리에게 말할 수 있다. 대부분의 우리들은 유령과 같은 사람에 의해 추격을 당하는 꿈들을 꾼 적이 있다; 그것은 이 콤플렉스에 대한 융의 이름의 기원이었다. 우리는 우리의 자아가 부정적이라고 여기는 것을 우리의 그림자 콤플렉스 안에서 발견한다. 그러나 우리는 또한 그림자의 좋은 부분들 안에서 긍정적인 꿈들, 희망과 창조성을 위한 능력들을 발견할 수 있는데, 이것들은 우리들을 나른하게 만들기도 한다. 가끔 우리의 삶들을 구원하고, 새로운 방향을 지시하는 것은 그림자 부분(shadow part)이다.

　임상 의사들로서, 우리는 우리의 심리학적 이론과 과도하게 동일시하고 마치 우리의 내담자들이 다른 병리들의 실례들인 것처럼 그들을 분류하는 것과 같은, 우리의 임상적 작업의 개인적인 차원에서 우리의 그림자를 직면해야 한다. 우리의 내담자들이 탐색하는 미지의 정신의 지형에 도움이 되는 지도를 제공할 수 있는 우리의 이론은, 그 대신에, 경멸의 무기가 될 수 있다. 우리는 올바른 말들을 생각하거나 혹은 말하지만, 그러나 우리의 태도는 비뚤어져 있기 때문에 바로 잡는 것은 어렵다. 우리는 우리 바로 앞에 있는 이 사람의 신비와 접촉하는 것을 잃는다. 그렇지 않으려면 우리는 우리 자신의 증오와 그 증오가 우리가 개입하는 분석에 어떻게 나타나는가를 곰곰이 생각해야 한다.52) 우리는 종교적 가입에 관해 똑같은 것을 말할 수 있기 때문에 만약 우리가 교리들과 규정들과 동일시하는 습관에 빠지게 되고 궁극적인 것을 지시하는 그것들의 귀중한 상징적 기능을 잃어버린다면, 심지어 우리의 신앙도 자기와 다른 사람들, 특히 우리의 어린이들에 대한 공격의 무기가 될 수 있다.

문화적 차원에서 그림자는 우리의 그룹, 우리의 종족, 우리의 종교, 우리의 정당이 부정적이고, 경계가 없고, 피해야 하고, 개선되어야 하고, 처벌받아야한다고 생각하는 것을 의미한다. 모든 사회적 억압 뒤에는 그 구성원들이 그들의 종족이 아닌 다른 사람들에게 투사하는 집단 그림자의 조각이 잠복하고 있다. 그림자 부분을 직면하지 않을 때 그것은 무의식으로 들어가서 그곳에서 산다. 모든 무의식의 내용들과 같이 그림자 부분들은 연대적으로 우리의 첫 번째 정신성(mentation)이고 또한 그것은 우리가 죽을 때까지 우리의 무의식 안에서 작동하면서 항상 그곳에 있기 때문에 일차적 정신과정(primary process mentation), 즉 "일차적인" (primary) 것이라고 불리는 정신적 과정으로 구분된다. 그 안에서 모든 것은 다른 모든 것들과 함께 혼합된다. 이리하여 내가 억압

---

52) Ulanov, *Spiritual Aspects of Clinical Work*, chap. 16.

한 것은 당신이 억압한 것과 혼합하고 의식 쪽으로 방출을 강요하면서 더 많은 에너지를 축적한다. 우리의 개인적 자아의 의식에 의해 지도를 받지 못하고 의식적 문화의 형식들을 통해 출구를 찾지 못한 채 이 그림자들은 영향을 미치게 되고 그 충동들은 발끈하는 분노, 살인적 공격들, 갑작스런 사고들로 갑자기 폭발할 수 있다. 예를 들면 한 사람이 다른 사람에게 화가 났지만 결코 그와 함께 문제에 대해 말하지 않거나 혹은 그 문제를 직면하지도 않았다. 그는 다른 사람의 목을 조르고 그의 머리를 마루에 대고 반복해서 때리는 꿈을 꾸었다. 작은 분노가 무의식적으로 살인적 의도로 부풀어졌던 것이다.

그림자 부분들은 정보 혹은 정신적 개념들의 조각들이 아니고, 지하실에 있는 동물들과 같이 살아있다. 덫에 걸린 동물들과 같이 이 살아있는 내용들은 의식적인 삶으로 나오기를 원한다. 우리가 이 나쁜 자극들을 직면하고 처리하지 않으면, 그것들은, 환상과 무의식적 본능적 에너지와 혼합된 채, 시야 밖에 머물거나 혹은 자아의 수정(ego modification)과 현실 검증의 범위에서 벗어나 있다가 싹튼다. 만약 우리가 이 나쁜 자극들을 인정하지 않는다면, 우리가 다른 사람들을 악마처럼 여기는 것을 수정하려는 실제적인 현실적 접촉도 없이 우리는 그것들을 우리의 이웃의 집단들에게 투사한다. 세르비아인의 코르티아인들에 대한 견해는 그와 같은 과장된 선전에 차차 익숙해졌기 때문에 그들은 대량 살상을 범할 수 있는 정당한 힘을 느낀 것 같았다. 따라서 인종 학살은 그들의 의무가 되었다. 우리는 코르티아인들과 다른 그룹들의 사람들과 함께 이 실례들을 모사할 수 있다. 중요한 요점은 의식의 중재가 없다면,[53] 의식을 압박하는 무의식적 그림자

---

53) Ann and Barry Ulanov, *Religion and The Unconscious* (Louisville: Westminster/John Knox Press, 1975), chap. 11.

의 작은 부분들(shadow bits)은 투사되어 우리의 이웃들에게 편견, 차별, 그리고 심지어 핍박과 인종 학살을 저지를 수 있다.

심지어 더 깜짝 놀라게 하는 것은, 나쁜 행위의 모든 에피소드들(episodes)의 기초를 이루는, 우리가 악 그 자체라고 정의하는 모든 것들을 말해주는 그림자의 원형적 차원이 있다는 것이다. 크리스챤들은 그것을 마귀의 상징이라고 부를 수 있거나; 혹은 우리는 악을 인간들에 대한 인간들의 비인간성으로 개념화할 수 있거나; 혹은 우리는 악의 원리를 존재에 속한 것으로 가정할 수 있다. 우리가 악을 어떤 이름으로 부르든, 그것은 더 나아지려는 우리의 모든 결심들에 침투하는 신비스러운 무(nullity)를 가리킨다. 우리는 우리가 하기를 원하고, 꼭 해야 하는 것을 하지 않고; 우리는 하기를 원하지도 않고 해서는 안 될 것을 한다.

예를 들면 개인적인 차원에서, 우리가 사랑하는 어떤 사람과 싸운 후에, 우리는 상처를 치유할 수 있고 갈라진 틈을 고칠 수 있는, "내가 바보였고, 죄송하다"라는 말을 알고 있지만, 그러나 우리는 그것을 말하지 않는다. 왜 그렇게 하지 않는가? 아무도 모른다. 비슷하게 사회적 차원에서, 우리 그룹에서 행해지는 부정의에 대해 분노가 가득한 상태로 우리는 크리스챤에게 우리의 적들을 위해 기도할 것을 조언할 줄 안다. 그러나 우리는 복수, 보복을 원한다. 왜 그런가? 아무도 모른다. 기껏해야 우리는 꽉 다문 이빨들 사이로 간신히 기도를 하고 있을 뿐이다. 우리는 격분과 부정의가 주는 깊은 상처와, 그리고 그와 같은 기도를 말하는 희망의 엇갈린 의도들의 고통을 겪는 것에 동의하기 때문에 그것이 아마 최선의 과정임을 융은 우리가 이해하도록 돕는다. 우리는 분노를 뛰어 넘지 못하고 그것으로 고통을 겪는다. 우리가 분노를 뛰어 넘는다면, 그것은 우리가 우리의 이웃들의 우물을 오염시키고 부정의를 더 부채질하는 공동의 저수지(common pool) 쪽으로 우리의 분노를 억압한다는 것을 의미한다.

심지어 더 좋지 못한 것은, 원형적 차원에서, 악의 큰 속임수는 악이 존재하지 않으며,[54] 그와 같은 협박이 우리를 위협한다고 느낄 정도로 우리가 지나치게 극적이며, 심지어 히스테리적(hysterical)이라고 우리를 확신시키는 것이다. 그러나 악은 모든 것을 약속하지만 아무 것도 전달하지 못하는, 사기꾼, 거짓말쟁이, 속이는 자, 그리고 깡패 수준의 예술가라는 것을 알 수 있다. 여기에서 우리는 우리의 개인적 한계들과 직면해서 통합하려는 우리의 개인적 능력들 넘어서 있는 그림자를 만난다.

개인적 차원에서 우리는 우리의 그림자의 어떤 부분을 동화시킬 수 있고, 그리고 이것은 우리 자신들을 포함해서 모든 사람에게 유익이 된다. 우리는 우리의 모든 감정들과 의도들에 반응하고 그것들을 우리의 이웃의 잔디밭과 우리의 자녀들에게 투사하지 않는다. 우리는 우리를 후원하는 그림자와 함께 깊이 성장하고; 우리는 삼차원이 되며; 그리고 우리는 환경을 오염시키는 것을 멈춘다. 문화적 차원에서 우리는 우리의 집단 그림자의 투사를 어느 정도 흡수할 수 있다. 미국의 민주주의가 위대한 것은 우리가 반대하거나 저항할 수 있지만, 살해당하거나 감옥에 갇히지는 않는다는 것이다. 우리는 그림자 인식과 협상을 우리의 정치적 체계 위에 어느 정도 세울 수 있다. 그러나 원형적 차원에서 악을 직면하는 것은 조수의 파도를 직면하는 것과 같다. 우리의 미약한 자기들은 상대가 되지 않는다. 단지 예수만이 배고픈 자를 먹이고 정부들을 결합시키고 한 분의 하나님을 인정하기 위해서, 그의 문화의 지배적인 가치들의 그림자 측면을 얼굴을

---

54) Ulanov, *Picturing God* (Einsieden, Switzerland: Daimon, 1986/2002), pp.127-28; and Ulanov, *The Wisdom of the Psyche* (Einsieden, Switzerland: Daimon, 1988/2000), pp.33-35.

맞대고 직면하기 위해서 사막으로 불려갔다. 악 그 자체를 직면할 때, 결정적으로, 우리는 우리를 초월하는 것에 의존해야 한다.

그림자와 의존

　의존은 우리의 마구간의 오물의 한 부분이기 때문에, 여기에서 우리는 깊은 물속으로 들어간다. 우리는 의존을 두려워하고, 하나님이, 호랑이같이, 우리가 만든 교리 혹은 규칙들의 우리(cage)에서 항상 뛰어나올 수 있다는 것을 잊은 채, 우리의 삶들, 우리의 자녀들, 우리의 나라, 심지어 우리의 하나님을 지배하고 통제하려고 시도한다. 혹은 우리는 부모의 대리자들—교회, 나라, 이웃의 표준들, 배우자의 견해, 지금 죽은 부모—이라고 여기는 사람들에게 권위를 부여함으로써 의존을 제멋대로 즐길 수 있다. 우리는 그곳에 있는 것과 그곳에 없는 것, 우리가 생각하는 것, 우리의 사랑과 미움의 충돌을 해결하기 위해 우리가 행하는 것, 우리가 대통령으로서 백악관에 뽑은 사람을 보려고 우리 자신들에게 짐을 지우는 것을 두려워한다. 우리는 모든 인간의 감정들에 반응하는 무게를 두려워하고, 그 대신에 그것들을 분배해버리고, 우리가 들은 것을 행하면서 좋은 소년들과 소녀들로 남아있기를 시도한다.
　융은 우리가 우리 자신의 권위와 마찬가지로 우리의 신앙이 우리에게 요구하는 의존을 직면하도록 돕지만, 반면에 그는 내내 땅바닥까지 굽히지 않는다고 스스로 말한다는 점에서, 역설적인 인물로 남는다. 바르트(Barth)와 마찬가지로 융은 그 자신을 복종해야할 초월적 권위 밑에 둔다. 이 권위에 대한 융의 이미지는 자기(Self), 그의 하나님-이미지이고, 그리고 그는 이런 방식으로 그 경험을 기술한다: "화강암처럼 단단하고 납처럼 무거운, 객관적인 사실인 정신은 내면의 경험으로서 사람을 대면하고 그에게, '이것이 존재할 것이고 존재해야하는 것이다'라고 말하면서, 들을 수 있는 소리로 말을 건넨다."55) 거기에 최고의 복종이 있다.56) 우리는 미지의 "초월적 당신(Thou)"에 의존할 것에 동의해야 한다.57)

그러나 융은 또한, "하나님의 뜻은 이루어질 것이다"라고 말하며 동시에 사실상 우리의 십자가들을 우리 자신들이 지는 것을 거절하면서, 너무 많이 의존하는 것, 우리의 모든 문제들을 하나님에게 밀어 붙이는 것을 반대한다.58) 거친 현실과 무의식적 그림자의 사실을 감당할 만큼 성장하지 못하는 이 유치한 회피는, 프로이드가 많이 비판했듯이, 종교를 방어기제로 사용하는 것과 다를 바가 없다. 심지어 그 자신의 자기의 하나님-이미지를 가지고도 융은 애매모호하게 남았다. 그는 한 꿈을 말하는데, 이 꿈속에서 그의 아버지는 큰 회관의 만달라(mandala)와 같은 구조로 올라가는 "가장 높은 현존"으로 그를 끌어 올렸다. 계단을 오르기 전에 그의 아버지는 "무릎을 꿇고 그의 이마를 마룻바닥에 닿게 했다." 융은 말하기를, "나는 위대한 감정을 가지고, 게다가

---

55) Jung, *The Development of the Personality*, para. 303.
56) Jung, *Dream Analysis*, ed. William McGuire (Princeton: Princeton University Press, 1984), p. 513.
57) Jung, *Letters*, 2 vols., ed. G. Adler and A. Jaffe, trans. R. F. C. Hull (Princeton: Princeton University Press, 1973), vol. 1, September 10, 1943, p. 338.
58) Jung, "Jung and Religious Beliefs," in *The Symbolic Life*, vol. 18 of *The Collected Works of C. G. Jung*, trans. R. F. C. Hull (Princeton: Princeton University Press, 1976), para. 1661.

무릎을 꿇으면서 그를 모방했다. 다른 이유로 나는 나의 이마를 아주 마룻바닥까지 내릴 수가 없었고 아마 일 밀리미터를 남겨두었다." 그는 반성하기를, "나는 이 운명에 복종해야 했고, 나의 이마를 마룻바닥까지 닿게 했어야 했다, 그렇게 했다면 나의 복종은 완전해졌을 텐데. 그러나 어떤 것 때문에 나는 전적으로 그렇게 할 수 없었고, 나는 일 밀리미터를 남겨 두게 되었다. 내 속에 있는 어떤 것은 말하기를, '아주 잘 했어, 그러나 전적으로 하면 안 돼.' 내 속에 있는 어떤 것은 도전적이고 우둔한 물고기가 되지 않기로 결심했다; 그리고 자유인들 속에 그런 종류의 것이 없다면 그의 자유는 어디에 있겠는가? 자유를 위협하는 그 분(Him)을 자유가 위협할 수 없다면, 그 자유는 무슨 소용이 있겠는가?"[59]

바로 이 애매모함 때문에 융은 욥에 대한 그의 명상을 적었고, 하나님에 대한 그 자신의 헌신을 결국 기이하게 만들었다. 요약해서 말하면: 융에게 우리는 우리 자신들 속에 그리고 존재 그 자체 속에 있는 존재의 양극성들을 의식함으로써 하나님을 섬긴다. 나쁜 것을 어디에 두는가의 더 이른 질문에 답하면서 융은 그것을 하나님 안에 두었다. 악은 존재의, 존재 그 자체의 원리이다. 죄 없는 사람의 고통에 관한 욥의 반항으로 인해 여호와는 신성(Godhead) 안에 선과 악의 경쟁과 그 자신 안에 그림자를 의식하게 된다. 그리스도는 죄 없이 고통당하는 사람의 운명을 감수하며 세상의 죄들을 스스로 떠맡음으로써 욥의 반항에 답한다. 그리스도는 우리 안에서 계속 성육신하시는 성령을 우리에게 유산으로 주시는데, 이것은 우리가 우리 자신의 투쟁들 안에서 그리고 우리의 세계 안에서 선과 악의 의식적인 고통을 수용하는

---

59) Jung, *Memories, Dreams, Reflections*, ed. Aniela Jaffe, trans. Richard and Clara Winston (New York: Pantheon, 1963), p. 219.

것을 의미한다. 대극들을 통합하려고 투쟁함으로써 우리는 하나님의 투쟁을 구체화한다: 우리도 역시 십자가를 진다.60) 융은 쓰기를, "전체적인 사람은 도전을 받고 그의 전체적인 실재를 가지고 투쟁에 들어간다. 단지 그 때 그는 전인적이 될 수 있고, 단지 그 때 '신은 태어날 수 있다,' 즉 인간의 실재로 들어갈 수 있다…": "하나님의 필수적인 성육신—기독교 메시지의 본질—은 대극의 결합(coniunctio oppositorum)으로서, 혹은 신비적 연합(unio mystica)으로서… 대극들과의 우리의 창조적인 대면과 자기 안에서 그것들의 통합, (우리의) 성격의 전체성으로 이해될 수 있다. 자기의 경험 안에서 화해되는 대극의 '하나님'과 ('인간')은 더 이상 없고… 그러나 오히려 하나님-이미지 그 자체 내에 있는 대극들은 있다. 그것이 신성한 봉사, 빛이 어두움으로부터 나타날 수 있기 위해서 (우리가) 하나님에게 바칠 수 있는 봉사의 의미이다."61)

우리는—진정으로 그의 전 생애를 걸쳐서—그가 어떻게 하나님에게 헌신하게 되었는가에 명쾌하게 마침내 이르게 된 융을 존경할 수 있다. 우리는 우리의 그림자들을 직면하고 그것들을 서로에게 혹은 하나님에게 쌓아서는 안 된다고 그가 고집하는 것으로부터 유익을 얻을 수 있다. 우리는, 심지어 "궁극적인 현존"을 직면하면서도, 인간의 자유에 대한 그의 성실성에 박수갈채를 보낼 수 있는데, 그 작은 불꽃은, 세상에 불, 인간의 창조성, 인간과 신성 사이의 사랑의 상호성이 있도록 하기 위해서, 소멸되어서는 안 된다.

우리는 하나님-이미지들과 구별될 수 없는 자기를 위한 이미지들이 선과 악을 담고 있다는 융의 믿음과 친해진다. 자기는 원

---

60) Ulanov, *Spirit in Jung* (Einsiedeln, Switzerland: Daimon, 1999/2005), p. 135.
61) Jung, *Memories, Dreams, Reflections*, pp. 337, 338.

형이고, 객관적인 정신의 원형적 세계를 중심에 모으는 배꼽이다. 모든 원형들과 같이 자기는 부정적이고 긍정적인 두 개의 대극들을 가지고 있고; 선과 악은 자기 안에 거주한다. 원형적 차원에서, 내가 믿기로는, 융은 정확하다. 선과 악은 대극들로서 서로끼리 다툰다. 이것이 현실의 비극적 견해이고, 악과 선은 존재 자체의 원리들이고, 끊임없이 투쟁 가운데 있다. 모든 원형들은 양면적이다. 바로 이 원형적 차원에 융의 선과 악의 하나님이 머문다.

여기에 기독교 전통은, 내가 그것을 이해하기로는, 다른 방향을 가지고 있다. 나는 자기-이미지들을 하나님이 아닌 전체적인 정신을 초월하는 실재에 이르는 다리들이라고 이해한다. 자기 원형은 원형적 층을 넘어서 있는 것, 우리를 창조한 실재 그 자체에 연결된다. 자기는 하나님에 관해 알고 있는 우리 안에 그것이다. 기독교 전통은 또한 악과 선은, 결코 정복할 수도 없거나 또한 서로에 의해 패배당하지도 않는, 승리를 위해 이 세상에서 경쟁한다는 사실을 인정한다. 요한복음의 세계에서 선은, 결코 이해될 수 없고 결코 정복당하지 않는, 어두움 속에서 번쩍이는 빛과 같다.[62] 그러나 빛도 역시 어두움보다 강하지 않다; 그것은 결코 명백한 방식으로 이기지 못한다.

자아의 차원에서, 개인적으로도 문화적으로도, 우리는 양면의 원형적 장(field)을, 완전히 승리하지도 패배당하지도 어느 쪽도 아닌, 선과 악이 서로 싸우는 것으로 경험한다. 빛이 세상에 오지만 어두움은 그것을 이해하지 못한다. 우리가 암흑을 초월적인 것의 상징으로 사용한다면 우리는 거룩한 분이 거주하는 빛나는 암흑이 눈부시게 타는 빛에 의해 이해되고 수용되지 않는다고 동등하게 말할 수 있다. 자아의식의 차원에서 이 두 가지는 다툰

---

[62] S. L. Frank, *The Light that Shineth in Darkness*, trans. Boris Jakim (Athens: Ohio University Press, 1989), p. 126.

다. 그러나 깊이의 차원에서 기독교 신앙은 빛이 이미 정복했다고 선포한다; 우리는 이미 어두움의 차가운 깊이를 뼈저리게 자각한다. 하나님은 우리의 긴 날의 죽음, 티끌과 같은 존재, 우리가 되돌아갈 먼지로 들어오셨다; 하나님은 인간의 삶이 수반하는, 우리가 그것을 서로에게 가함으로써 확대하는 고통을 하나님의 자기로 흡수했다. 하나님은 죄 없는 거룩한 분이 마치 죄가 있는 것처럼 고통을 겪은, 그 십자가에 결과들을 받아들이면서 우리를 하나님을 거절할 수 있는 자유로운 피조물들로 창조한 것에 대한 책임을 지셨다. 악의 논리는 여기에서 멈춘다.

　이와 똑같은 요점을 설명하는 다른 방법은 자아의 차원에서 우리 각자는 사물들의 큰 도식 안에서 앞뒤가 맞지 않는, 레이다 영화의 영상과 같다는 것을 이해하는 것이다. 자기와 하나님-이미지들이 다리를 놓는 전체적 정신을 초월하는 실재, 그 실재의 심층 차원에서, 우리 각자는 알려진, 소중히 여김을 받는, 둘도 없는 존재이다. 우리는 이것을 신앙으로 안다; 그것은 감각들에 의해 증명될 수 없고 논리를 능가한다. 그것은 선물이며 선물들은 단지 거절되거나 혹은 받아들일 수 있다. 여기에서 융과 대조적으로 우리의 의존은 완전하다. 선물은 은혜에 의해 주어지고, 은혜를 통해 도달하고, 그리고 은혜는 우리에게 권능을 주어 그것을 받아들이도록 한다. 우리는 자유롭게 복종하기를 선택하고, 금후 우리의 자유는 긍정되고, 소멸되지 않는다.

　더 작은 차원에서 우리가 구원의 선물에서 신성한 것이 인간적인 것과 섞이는 신비를 경험한다면, 용서의 경험도 중요한 것으로 느껴질 수 있다. 사실상 우리가 우리의 격노, 우리의 깊은 상처를 뛰어 넘을 때, 우리가 용서한다고 말하는 것은 결코 작용하지 않는다. 피는 우리가 무시한 상처로부터 스미어 나온다. 그것은 그림자를 무시하는 것이다. 우리의 상처의 격노로 들어가는 것은 의식적으로 격분과 아픔의 고통을 겪는 것이다. 어떤 상처들은 너무나 크기 때문에 고통은 영원히 계속될 것 같다. 이런 상처들 때문에 사람들은 임상가를 찾아온다. 어떻게 사람은 어린 시절의 학대, 성적 괴롭힘, 잔인한 나쁜 자극, 거절, 상실, 무시를 극복하는가? 게다가 우리들 중의 어떤 사람들은 너무 큰 역사적인 상처들 속에 갇혀서 인간 가족의 조직 안에 거대한 구멍을 만든다. 어떻게 우리는 대학살, 강요된 기아, 저격병의 사격, 빌딩 폭탄 투하, 9/11사건의 고통을 재어볼 수 있는가? 우리는 우리의 일을 하고; 우리는 우리의 분노와 슬픔을 처리하고; 우리는 우리의 삶의 피를 흘린다. 원초적인 상처에 수치심을 더하는 것은 바로 한 친구가 다른 친구를 배신하는 개인적인 상처일 수 있다. 우리가 우리의 고통과 사람들이 전쟁, 테러, 캠퍼스 강간, 가정의 상실, 사랑하는 사람들의 상실의 고통을 겪는 것과 비교할 때 우리는 너무 많이 상처를 준 것을 부끄럽게 느낀다. 그러나 우리는 여전히 상처를 입힌다. 우리는 치유할 수 없다; 우리는 이 고통을 초월할 수 없다.

여기에서 기독교 전통은 우리 자신의 그림자, 대극들과의 우리 자신의 투쟁을 뛰어 넘지 않는 일종의 의존을 제공한다. 우리는 그리스도 안에서 우리의 고통을 위탁한다; 우리는 그것을 십자가에 매달린 이 하나님-사람(God-man)에게 가져갈 수 있다. 한 여인이 스스로 자신의 상처를 그리스도의 상처 속으로 바로 넣는 것을 보았다. 그녀는 분석 중에 이런 과정을 경험했고, 그리고 그 때 그녀는, 내내 땅에 그녀의 이마를 내려놓은 채, 그녀의 상처를 그 분의 상처에 넣은 상태로 완전히 그리스도의 도움을 요청하는 것에 의존했다. 때때로 그녀는 분노와 상처의 콤플렉스를 그리스도가 가져가게 했다. 상상적으로 그녀는 그녀의 상처가 여전히 곪아있고 감염되어 있지만, 가장자리 주위가 더 나아지고 있는 것을 볼 수 있었다. 그리고 드디어, 놀랍게도, 그녀가 알지 못했던 곳에서 불어오는 바람과 같이, 용서가 그녀에게 흘러 들어와서, 상처받은 수치심에서 그녀를 놓아주고, 그녀에게 그렇게 상처를 준 사람에 대해 느꼈던 분노에서 오는 죄책감으로부터 그녀를 구제하며, 이 다른 사람에 대해 자유를 느끼도록 했다. 모든 것은 해결되었고 용서되었다.

융과 기독교 전통 사이의 기본적인 분리는 선의 결핍(*privatio boni*)으로서 악의 전통적인 개념의 다른 이해들 안에서 표현된다. 부모들이 역시 이전의 부모들의 자녀들이었고, 이것은 내내 아담과 이브까지 되돌아갈 수 있다는 것을 기억하면서, 악을 우리의 부모들에게 잘못된 것과 그들이 우리를 다른 방법으로 축소하려는 시도에 저항한 것에 대해 우리는 융에게 빚지고 있다. 게다가 융은 우리에게 악의 신비에 대한 쉬운 답변들에 빠지지 않고, 우리 안에 있는 나쁜 것을 타인들과 집단적인 공유된 분위기에 투사하지 않고 통합하는 방법을 실천적인 차원에서 직면하도록 강요한다. 따라서 심층심리학은 그림자 자료(shadow stuff)—분노, 파괴성, 형벌의 죄책감 만들기와 부정적인 것의 불가피성—를 깊이 파는 것이다. 기독교 전통은 고백의 필요성을 포함하는데, 이것은 우리의 그림자를 직면하는 것, 그리고 더 나아가서, 일반화된 악을 죄의 특정한 행동들로 변형하는 것을 의미한다—즉 근원, 창조자, 만물을 일으킨 하나님과 관계를 여는 것을 의미한다.

기독교 전통은 마치 하나님이 "그래, 나는 나를 거절하도록 선택할 수 있는 자유로운 피조물들로 너를 창조한 것에 대한 책임을 지겠다. 나는 십자가 위로 올라가서 그곳에서 무조건적으로 너를 사랑하고 용서하고 너를 수용하는 하나님일 뿐만 아니라 또한 너의 최악의 것도 받아들이는 하나님이다. 나는 죄 없는 구경꾼이 그렇게 한 것처럼 너의 죄의 결과들로 고통을 겪는다"라고 말한다고 주장한다. 월트 로베(Walter Lowe)는 생명나무의 실과를 우리가 먹지 못하도록 하나님이 금지시킨 것은 금치산 선고(interdiction)라기보다는 창조적인 제한이라고 생각한다.63) 심리학적 용어로 우리는 그것을 틀(frame), 인간과 신성이 공존하고 서로를 말살하지 않도록 하는 순수성과 자유를 위한 그릇(container)이라고 부를 수 있다. 고백은, 그것이 가슴으로부터 자유롭게 행해질 때, 하나님의 자유와 우리의 자유가 만나는 순수성의 공간과 같은 공간을 밝게 한다. 우리는 방향을 바꾸고, 근원, 즉 하나님에 대한 우리의 심상들을 가지고 우리가 상징화하는 기원의 시점에서부터 살기 위해 다시 되돌아간다.

융에게 선의 결핍(privatio boni)은 악이 선처럼 똑같은 힘을 가지고 존재하지 않으며, 그것이 비현실적이기 때문에 따라서 우리는 그것 주위를 맴돌 수 있다는 것을 의미한다. 따라서 우리는 그것이 진정으로 생생하지 않기 때문에 우리의 그림자를 부정할 수 있다. 나도 이것에 동의하지 않는다; 나는 선의 결핍이, 심리학적으로도 신학적으로도, 궤변이 섞인 생각이라는 것을 발견한다. 악은 실존적인 힘으로 생생하고 효력 있게 존재하지만, 그러나 그것은 선처럼 존재하지는 않는다. 그것은 현존이 있는 곳에서 부재를 만듦으로써; 우리에게 도달하려는 어떤 사람의 시도를 마주 보고도 꼼짝하지 않는, 분노의 울부짖는 심정으로서; 우리 앞에 있는 이 사람의 현존을 한 인격으로서 인정하기를 거절함으로써 존재한다. 그것은 인간의 지위를 떨어뜨리고; 뺄셈을 하고; 주의를 돌리고; 실체보다 공허감을, 여기에 존재하며 지금 과업을 직면하는 것보다 죽은 것(goneness)을 선택하는 것이다. 우리 모

---

63) Lowe, Innocence and Experience: A Theological Exploration: Evil, Self, and Culture, ed. Marie Coleman Nelson and Michael Eigen (New York: Human Sciences Press, 1984), pp. 260ff.

두는 사람이 중독 혹은 강박증 혹은 의기소침한 우울증에 더 이상 사로잡히지 않는 성공적인 임상적 작업 안에 있는 위험한 경과를 안다. 지금 거기에 작지만 분명한 자유로운 여지가 있다. 그들은 그것을 보고, 대안들을 알고, 그것과 싸울 수 있고, 다른 방법을 선택할 수 있다. 이 순간에 모든 임상가들은 그의 혹은 그녀의 내담자들에 완전히 의존한다; 그들은 어떤 방법을 선택할 것인가? 우리는 그들을 위해 선택할 수 없고, 단지 희망 속에 기다릴 뿐이다.

본래의 관계로부터, 모든 삶의 중심으로부터 돌아서는 죄로서, 그리고 그 작은 자유로운 여지를 행사하는 것을 거절하는 것으로서 악의 주제에 관하여, 융의 하나님의 개념은 최고의 선(*summum bonum*)이 아닌, 내가 초기에 말했듯이, 대극들의 결합(*complexio oppositorum*)이며, 이것은 우리 자신들 안에서도 하나님 안에서도 그것들을 전체성으로 변형시키려고 투쟁하는 것에 우리의 헌신된 봉사가 필요하다. 그와 같은 투쟁은 대극들의 결합(*coniunctio oppositorum*)이 되는 하나님을 향한 우리의 기여와 다를 바가 없다.

크리스챤들에게 하나님은 선과 악의 혼합체가 아닌, 선한 분이다.[64] 여기에 인간의 고통 속으로 들어오는, 그리스도 안에서 죄에 의해 정복당하고 악의 정사들과 권세들에 의해 사로잡힌 인간들의 고뇌들, 슬픔들과 비탄들을 스스로 짊어진 하나님의 상이 있다. 아들이 고통을 겪는 곳에 하나님도 고통을 겪는데, 그들은 똑같은 실체을 가진 분들이기 때문이다. 그래서 실재의 심장(heart of reality)은 고통에 의해 그렇게 괴롭혀진 우리의 심장들 안에 머문다. 우리의 최악의 포로 상태에서 하나님의 우리에 대

---

[64] Ulanov, *The Wisdom of the Psyche*, chap. 2를 보라.

한 개입은 동정심에 의해 감동된 선택의 행동이다. 포로들인 우리는 하나님의 자비로움을 볼 수 없고, 하나님을 형벌을 가하고, 멀리 있고, 통과할 수 없고, 복수심이 많은 분으로 묘사한다. 하나님과 우리를 구별하는 것은 우리가 행할 수 있는 최악의 것을 신성(Godhead)으로 흡수하고 여전히 우리와 함께 우리를 위해서 머무는, 정확하게 말하면 이 동정심이다. 폴 리쾨르(Paul Ricoeur)가 말하듯이, "억압하지 않지만, 방향을 정하고 자유를 보호하는"[65] 창조적인 제한을 우리는 단지 금지 혹은 비어있는 대안으로서 이해한다.

    예수 안에서 우리는 생명나무를 선택하는 것의 대안이 성취된 것으로 본다. 악은 사라지지 않는다. 진정으로 그것은 가난과 오물 속에 그가 출생하면서부터, 태어나서 몇 날이 못 되어 그를 살리기 위한 그의 부모들의 도망, 다른 유아들의 대학살을 위해 그가 촉매 역할을 한 것, 그리고 죽음의 심연보다 더 강한 사랑의 심연을 계시한 다른 나무, 십자가에 오를 때까지 그를 괴롭혔다. 나는 어떻게 선과 악과 하나님을 볼 것인가를 요약하는 줄리안 부인(Lady Julian)의 말을 좋아한다. 그녀는 말하기를, "하나님은 모든 선을 창조하고, 모든 악의 고통을 겪는다."[66]

---

65) Ricoeur, *The Symbolism of Evil* (New York: Harper & Row, 1967), p. 250; Lowe, Innocence and Experience, p. 261에서 인용함.
66) Julian of Norwich, *Showings*, trans. Edmund Colledge, O. S. A., and James Walsh, S. J. (New York: Paulist Press, 1978), p. 199.

여성적인 것

　줄리안 부인의 말들은 이 신비들에 대한 여성적인 접근의 현존을 알린다. 존재의 여성적 형식은, 바로 남성적인 것과 같이, 우리 모두에게 속한다. 생각하고 행하고, 경험하고 행동하는 것의 유형의 특징은 발생하는 것, 사물들의 본질, 중요한 것에 도달하는 데 있다. 그것은 대극들, 그것들의 분할과 그것들의 섞임과 함께 사는 것이다. 그것의 지각의 유형은 육체의 본능과 충동, 무의식적 자극과 자발적인 이미지로부터 위로 분출하고; 그것은 예감 안에서, 꿈의 이미지 안에서, 지금까지 분리된 사물들의 놀라운 연결 속에서 분출한다. 우리는, 전 세계에 공동체들 안에서 많은 분할들과 함께, 지금 우리의 새로운 세기에 이런 지각하는 것과 연결하는 유형이 필요하다.

　융은, 아주 정확하게 여성적인 것은 어디에 있는가를 우리 모두에게 물으면서, 삼위일체의 하나님에 대한 이미지와 함께 씨름한다. 그의 해결 방법은 영이신 삼위일체[67]에 네 번째 회원으로서 마리아를 첨가한다. 나에게 이것은 지적인 해결책이며, 잃어버린 요소를 고착시키기 위한 일종의 과도한 남성적인 고정식 접근 방법이지만, 그러나 그것은 육체 안에서 그 삶을 분출시키는 심장의 품어주는 생각을 포함하지 않는다.[68] 나는 마리아를 통해 이미지 그 자체와 세계 속으로 그것의 들어옴(entry)에 세심한 주의를 기울인다. 그녀는 하나님에 의해 보내진 말씀, 하나님이

---

[67] Jung, *Psychology and Religion: West and East*, vol. 11 of *The Collected Works of C. G. Jung*, trans. R. F. C. Hull (New York: Pantheon, 1938/1958), paras. 98-107; and Jung, "A Psychological Approach to the Dogma of the Trinity," in *Psychology and Religion*: West and East, paras. 240-295.
[68] Ulanov, *The Wisdom of the Psyche*, p. 96.

그 안에 살고 있는 말씀, 위로자 즉 위로하고 불을 붙이는 성령을 우리에게 남겨둘 그 말씀(the Word)을 수용한다. 그녀는 인간의 육체 안에서 그녀를 수용하는 삼위일체를 수용한다.

그럼, 우리는, 우리 모두는―남자들이나 여자들이나 똑같이―잃어버린 여성성이며, 세 분의 신비를 구체적으로 표현하는 네 번째이며, 하나님이 인류에게 그의 도래(coming)를 심는 땅인가? 우리 안에 존재의 여성적 양식은 개인적인 사람들과 공동체들의 세계로 임하는 거룩한 분의 출생을 위한 집인가? 여성적 양식은 우리가 존재하고 되어가는 과정이다. 하나님 안에 끝없이 순환하는 사랑은 우리를 그 사랑의 급류 쪽으로 끌어당기면서, 인간 안에 거주지를 차지한다.[69] 그것은 실제로 무엇을 의미하는가? 그것은, 지금 이 수 십 년들 안에, 거룩한 분은, 우리를 세계에서 이 사랑으로 살도록 감동을 주면서, 우리 각자 안에 존재의 여성적인 양식을 통해 우리에게 임한다는 것을 의미한다.

이전의 세기들 동안 존재의 남성적인 양식은 이 신비들에 접근할 수 있었다. 우리는 본능적인 삶의 소란으로부터 위쪽으로 주위를 돌렸고, 변함없이 영원한 분 혹은 인간의 본능들과 충돌들의 혼란으로부터 제거된, 영원히 합리적이고 수수한 분으로서 삼위일체 안에 피난처를 발견했다. 그러나 하나님이 인류, 정치와 성별의 인간의 현실들 쪽으로 내려오도록 방향을 만든 지난 수 십 년간의 신학에서, 이 거룩한 제공을 받도록 우리를 개방시킨 것은 존재의 여성적 양식이다. 추상적인 것 안에서는 아무 것도

---

[69] Ulanov, *The Wisdom of the Psyche*, pp. 97-98. 존재의 여성적이고 남성적인 양식의 토론을 위해서, Ulanov, *The Feminine in Jungian Psychology and in Christian Theology* (Evanston, Ill.: Northwestern University Press, 1971), cap. 9; and Ulanov, *Receiving Woman: Studies in the Psychology and Theology of the Feminine* (Philadelphia: Westminster, 1981), chap. 4를 보라.

없다; 모든 것은 예수가 마리아의 자궁에서 탄생함으로 상징화된, 육체 안에 있다. 이런 이유로 우리가 구하는 것은 악에 대한 해결 방법이 아니고 결합, 즉 하나님의 집에 거하는 것이다.

이 접근의 놀라운 실례는, 대학살의 눌러 부수는 악에 대한 그녀의 반응에서, 파괴를 직면하면서도 이론이 아니라 그녀의 살아있음(livingness)의 사실을 구체적으로 표현한 한 젊은 여성에 의해 나타난다. 에티 힐레숨(Etty Hillesum)은 나치가 그 도시를 점령하고 있는 시간 동안 암스테르담에 살았던 젊은 네덜란드의 유대인 여성이었다. 유대인 협회의 회원으로서, 유대인들이 아우슈비츠에 죽기 위해 내쫓기게 될 수송 캠프로 오고 갈 수 있는 자유가 그녀에게 주어졌다. 따라서 그녀는 암스테르담에 유대인들에게 부과된 증가하는 제한들의 고통을 겪었다; 그들은 그들의 집으로부터 쫓겨났고, 도시의 공원들을 사용하는 것이 금지되었고, 지정된 외딴 상점들에서만 음식을 살 수 있었다. 규제법들이 많을수록 자유는 점점 더 적어졌다. 마침내 그녀도 역시, 그녀의 아버지, 어머니와 형제들처럼, 수송 캠프의 동거인이 되었다. 그녀는 탈출하기를 거절했고, 그 대신 캠프 안에 있는 다른 사람들을 섬기는 일에—비명을 지르는 어린 아이들, 놀란 자녀들, 지친 어머니들을 돕는 것에—솔직하게 헌신하기로 했다.

그녀는 그녀의 편지들과 일기들 속에서 끔찍한 투쟁을 직면했던 것을 적었고 그것을 출판했다: "하나님은 우리가 서로에게 야기한 무분별한 손해에 대해 우리에게 책임질 수 없다. 우리가 그에게 책임이 있다!" "나는 우리의 파괴를, 우리의 매일의 생활에서 그렇게 많은 작은 방법들 안에서 눈으로 똑바로 이미 시작한 우리의 비참한 종말을 바라보고, 그것을 나의 삶으로 수용하지만, 나의 삶의 사랑은 줄어들지 않는다." "그리고 나는 스스로 짊어진 우리의 공동의 운명의 부분을 나의 등에 단단하고 굳건하게 묶는다; 그것은 나의 일부분이 된다 …."70)

융의 말에 의하면, 그녀는 대극들을 보유했고, 그녀 자신의 그림자와 그녀의 모든 땅을 어둡게 하는 지긋지긋한 그림자를 직면했다. 더 커져가는 공포의 와중에서 그녀는 말하기를, "지구의 표면이 포로수용소로 변한다," 그녀는 또한 적기를, "밤중에 병영들이 가끔 은과 영원으로 만들어진 달빛 속에 놓여있다: 마치 하나님의 선취된 손으로부터 빠져나간 장난감같이 …." 이 지옥에서 그녀는 거듭 적었다, "모든 것에도 불구하고 삶은 아름다움과 의미로 충만하다."71) 신학적인 말로 표현하면, 그녀는 악을 직면했지만 그것은 선을 파괴하지 못했다. 사랑의 심연은 죽음의 심연보다 더 강하다는 것이 증명되었다.

---

70) Hillesum, *Letters from Westerbork*, trans. Arnold J. Pomerans (New York: Pantheon, 1986), pp. 127, 131, 147.
71) Hillesum, *Letters from Westerbork*; pp. ix, xi.

하나님-이미지들과 신앙의 삶

　　교회에서 거룩한 성찬식에서 성만찬을 받은 후 감사의 기도가 드려진다. 나의 전통에서 기도는 "전능하시고 영원토록 살아계신 하나님……"으로 시작한다. "살아계신"은 생기 있고, 신체 안에서, 활동적이고, 생생하고, 육신을 갖추고, 존재하며, 사람의 모습을 하고, 지속적이며, 널리 퍼져 있으며, 먹고 살며, 호흡을 들이쉬는 것을 의미한다. 회심이든지 혹은 점진적인 성장이든지, 살아있는 신앙은 살아계신 하나님과의 살아있는 관계로서 그 자체를 꾸준히 갱신한다. 그러나 지상의 여기에서 살아있는 것은 개인도 단체도 육체 안에 있는 것이다. 육체는 이 생명의 특별한 현시 속에서 경계선이 있고, 제한된 유한한 형태이다. 그런데 이 육체와 하나님의 관계는 영적이며, 확장력이 있고, 무한할 뿐만 아니라 또한 육체 안에서 구체적이고 명확하다. 융은 말하기를, "무한한 것에 대한 감정은 '나는 단지 저 것이다!' 라는 경험 속에서 극한에 제한되어 있을 때에만 얻어질 수 있다. 그와 같은 자각 속에서 우리는 제한되어 있으면서도 영원하다는 것, 이것이면서도 저 것이라는 것을 동시에 스스로 경험한다. 우리의 개인적 결합 안에서 우리 스스로 독특한 존재라는 것, 즉 궁극적으로 제한된 존재라는 것을 알 때—우리는 또한 무한을 의식할 수 있는 능력을 소유한다."72)

그런데 우리는 거룩한 신비들과 그리스도의 신비적인 육체로 인도하시면서, 현실적인 심장으로 음식을 우리에게 주시는 살아계신 하나님과 어떻게 관계를 여는가? 이 과정은 어떻게 주도되는가? 그리고 심층심리학은 이 과정에 무엇을 이바지하는가? 융은 우리가 경험하는 것은 무엇이든 정신을 통해 경험하는데, 정신은 그 자체가 살아있고 무의식을 포함한다고 단적으로 말한다. 무의식은 개인적이든 집단적이든 육체를 통해서, 삶 자체의 신비한 은총의 공명을 통해서, 본능들을 묘사하는 정서에 젖은 이미지들을 통해서 의사를 전달한다. 죽어가는 사람들을 목양하는 사람들은 이 퉁겨서 울리는 소리의 현존과 사람이 죽을 때 그것의 분명하고 즉각적인 결핍을 안다. 그것은 마치 그들이 여기 지금 살아있는 것처럼 그리고 그들이 없는 것처럼 느낄 수 있다. 그들의 영은 가까운 곳에서 배회하지만, 그러나 사라진다.

나는 우리가 하나님을 이해하는 다양한 방식들의 넓은 범위를 지칭하기 위해 "이미지"라는 말을 사용한다: 우리 중에 어떤 사람들은 시각적으로, 우리들 중에 또 다른 사람들은 육체의 감각들, 감촉들, 냄새들, 소리들을 통해서; 가까움 혹은 거리감을 통해서 지각한다. 우리가 우리의 영적 여행들을 수행하는 방법들, 그리고 그것이 하나님과의 더 큰 친밀감으로 우리를 인도하는 방법들은 우리가 하나님에 대해서 가지고 있는 주관적인 이미지들과 우리가 우리의 종교적인 전통으로부터 받은 객관적인 이미지들 사이에 있는 공간에서, 그리고 우리가 건설한 어떤 것도 무한히 자유로우신 하나님을 이용할 수 없기 때문에 모든 이미지를

---

72) Jung, *Memories, Dreams, Reflections*, ed. Aniela Jaffe, trans. Richard and Clara Winston (New York: Pantheon, 1963), p. 325.

부수시는 거룩 그 자체이신 거룩한 분에 대한 모든 인간들의 이미지들 사이에 있는 공간에서 작동한다. 나는 위니캇의 용어인 "중간적인 것"(transitional)의 종교적 함의들을 끄집어내면서 다른 곳에서 이 공간에 관해 썼지만,[73] 그러나 우리는 또한 이 공간을 상상적인 것, 상상력의 공간으로 부를 수 있는데, 이것은 신앙에 위협이 아니라 그것의 종으로 이바지한다. 작은 개미와 같은 정신적 과정들이 어떻게 거대한 코끼리를 위협할 수 있는가? 작은 인간이 어떻게 무한한 하나님을 이해할 수 있는가?

우리는 그것이 정신의 언어이기 때문에 우리 안에서 자동적으로, 자발적으로 솟아오르는 심상들(pictures)을 가지고 있고, 그리고 우리는 성경 안에서 그리고 예배하는 전통 안에서 성인으로 인정된, 수세기에 걸친 다른 인간의 정신들에 의해 형성된 심상들을 받아들인다. 그럼에도 불구하고 우리가 이 모든 심상들, 교리들, 의례들과 성경의 구절들과 연관되기를 원할 때, 우리는 이미지들 혹은 그것들의 상상적인 동등한 것들을 통해서 그것들과 우리 사이에 있는 공간을 활용한다. 우리는 이러한 해석의 과정에 의해 이 선물들이 우리의 매일의 삶 속에서 우리에게 현실이 되도록 만들고, 그리고 우리는 우리가 독자적으로 발명할 수 없는 방향들과 가능성들 쪽으로 우리를 끌어당기는 전통의 선물에 의해 이 거룩한 신비들로 바꾸어진다. 그렇지 않으면 우리가 전통적인 기도들 혹은 신조들 혹은 성경을 암송할지라도 그것들의 생명은 우리 안에 꽃피지 않고, 새로운 생명의 씨앗들을 뿌리지 못한다. 그 대신 우리는 "나를 가까이한 사람들은 불을 가까이하고 있다"라는 예수에게 귀속된 말을 보지 못한 채, 기계적 기억 혹은 복종적인 순응에 의해 종교에 정착한다.[74]

---

73) Ulanov, *Finding Space: Winnicott, God, and Psychic Reality* (Louisville: Westminster/John Knox Press, 2001), p. 18.

살아계신 하나님

  살아있는 신앙—세계 안에서 계속해서 성장하고, 동정심이 많은 행동들을 생성하며, 그리스도 안에 하나님의 자기 노출의 선물을 반사하는 작은 현현들(epiphanies)을 낳는 신앙; 원초적인 회심 사건 안에 갇혀 있지 않고, 그래서 우리가 강박적으로 그것을 반복하고 우리가 그것을 잃어버리지 않기 위해 어떤 것을 변화시키는 것을 두려워하는 신앙—을 위해서, 우리는 하나님과 꾸준한 대화를 나누어야 하는데, 그 분은 살아계신 하나님이다. 우리의 살아있는 정신은 살아계신 하나님을 만나고; 살아계신 하나님은 우리의 살아있는 정신을 만난다.
  대화는 우리의 전통의 구조화된 형태들과 자발적인 삶과 기도 안에서 나타나는 개인적인 이미지들 사이에서 앞뒤로 발생하며, 그리고 각각은 다른 것을 생기게 한다. 예수의 개인적인 경험 때문에 우리는 교사와 예언자로서 예수의 전통적인 이미지들로부터 제사장, 혹은 심지어 신랑으로서 그에 대한 이미지로 옮길 수 있다. 혹은, 반대로: 아들로서의 예수의 전통적인 이미지는, 존재의 원리가 아니고, 지금 심지어 근원이 아닌, 그러나 우리를 딸들과 아들로서 소중히 여기는 실재의 개인적이고 관계적인 심장인 아버지로서 하나님의 심오한 깊이를 우리에게 개방할 수 있다. 우리는 전통들을 우리의 하나님의 특유한 이미지들을 통해서 우리에게 현실적이 되도록 만듦으로써 도그마의 전통들을 기르고; 전통들은 우리의 제한된 지각들이 성취할 수 있는 것을 능가하는,

---

74) Jung, *Symbols of Transformation*, vol. 5 of *The Collected Works of C. G. Jung*, trans. R. F. C. Hull (Princeton: Princeton University Press, 1912/1967), para. 245에서 인용함.

셀 수 없는 마음들과 기도들이 숙고하고 정제한 것을 우리에게 전함으로써 우리를 기른다. 작은 실개천들 혹은 심지어 작은 시내와 같이 우리는 넓게 열린 바다로 향하는 전통의 위대한 지류들을 기른다. 그리고 그것, 바다 그 자체는 우리의 작은 실개천들과 샛강들과 합류하면서 그것들에게 광대함을 제공하고 가끔 그것들의 진로를 바꾼다. 이리저리로 우리는 신앙의 생기에 이바지하고, 그리고 상상의 보물창고는 우리 자신의 특별한 여행을 즐겁게 한다.

놀랍게 들리겠지만, 우리는 "기독교의 기원들의 그럴 듯한 설명은… 예수가 세례를 받고 사막에서 유혹을 받는 순간에… 예수의 신비한 경험들에 초점을 둔 것이다…"라고 하버드의 윌리암 제임스 강좌에서 말한 존 애쉬톤(John Ashton)의 가정의 진실을 이해할 수 있다.[75] 예수의 신비적 경험은 그를 하나님의 아들로서 계시하고, 아버지로서 하나님에 대한 그의 개인적 이미지를 형성한다: 실재의 중심은 그의 사랑하는 아들에게 말씀하는 아버지로서 그 자체를 계시한다. 그의 신비한 사건은 너무나 마음을 사로잡고, 예수에게 강림했던 성령은 너무나 급하게 임했기 때문에 그것은 오늘에 이르기까지 수많은 세대의 신자들의 신앙을 형성해왔다. 애쉬톤은 예수에 대해, "그는 하나님께서 아들로서 그에게 말씀을 건네는 것을 들었다. 그가 들었던 것의 예언적 본질은 하나님의 부성애로서 요약될 수 있다… (그리고) 예수는 성령이 그 위에 비둘기같이 강림하는 것을 보았다… (성령의 압도적인 현존감을 주면서)"[76]

우리도 역시 우리 내에서 구성되고 그것들의 형성시키는 능력을 예기하는 하나님-이미지들을 의식해야 한다. 여기에서 우리들

---

75) Ashton, "The Religious Experience of Jesus," *Harvard Divinity Bulletin* 32 (Fall/Winter 2003): p. 17.

은 크리스챤들이 이것을 하는 것을 두려워한다는, 첫 에세이에서 내가 한 말들로 되돌아간다. 이미 우리들 중에 어떤 사람은 우리를 능가한 것이 우리 안에 살아있고, 우리가 발명하거나 통제하지 않지만 우리에게 말하고, 우리를 사로잡으려고 손을 내밀고, 우리를 사로잡고, 그리고 우리가 만나기 위해서는 자아의식에서 내려가야 하는 정신에 대한 이 두려움을 지금 느낀다. 이것이 살아있는 정신이고, 그리고 특히 출생에서부터 죽음에까지 우리 안에서 계속되는 그것의 무의식적 과정들이다. 하나님이 세계 안에 사건들을 통해서, 다른 사람들을 통해서, 그리고 예배를 통해서 우리에게 말씀하시는 만큼 정신을 통해서 그리고 무의식을 통해서 우리에게 말씀하신다. 하나님은 성경을 통해서, 직접적인 신비적 혹은 회심의 체험을 통해서 우리에게 말씀하신다. 이 비상한 사건들과 연관을 맺기 위해서 우리는 살아있는 정신을 통해 살아계신 하나님을 드러내야 한다.

우리가 살아계신 하나님을 잘 견디고 살아있는 신앙을 살기 위해서, 우리의 기도들은 물론 우리의 행동들 안에서—의식적일 뿐만 아니라 또한 무의식적인, 살아있는 정신을 포함해야 한다. 정신은 이미지들 안에서, **혹**은 다른 감각들의 동등한 표상들—향기, 소리, 감촉, 미각—안에서 우리에게 말한다. 신학적으로 이 살아있는 정신의 사실은 하나님의 형상(*imago dei*)으로 개념화된다. 우리는 하나님의 형상으로 지음을 받는다: 삶의 심장에 신비스럽고 창조적인 힘과 현존은 우리의 이해를 너무 능가하기 때문에 우리는 우리를 그 현존에 이르기까지 호위할 상징적인 심상들과 행동들을 어쩔 수 없이 사용하게 된다. 그러나 이 창조적인 독창력은 또한 우리 안에 존재한다. 우리도 역시 창조하려는 욕구로

---

76) Ashton, *The Religious Experience of Jesus*, p. 18.

서 우리 사이에서 타오르는, 우리 내면 깊은 곳에서 있는 이 점화한 불꽃의 섬광을 알고 있는데,—이것들은 태도, 교제, 기도, 시, 관계, 예술 작품, 사업이며, 또한 재킷(jacket)을 위해서든 혹은 과학적 실험을 위해서든 필요한 새로운 제조법 혹은 양식이다. 우리도 역시, 즉 우리의 각 사람도 그리고 모든 사람도, 우리의 경험, 우리에게 발생한 것, 심지어 우리에게 생긴 외상(trauma)으로부터 그 무엇을 만들 수 있는 능력을 소유하고 있다. 이 사실은 정신을 가진 치료법(therapy)을 가능하게 만드는 신앙의 기초가 되는 존재론을 제공한다. 우리는 만약 우리가 발생했던 것과 연관되어 있다면 그 무엇이 일어날 수 있다는 것을 믿는다; 우리는 더 넓고 더 자유로운 미래를 향해 열어나가는 현재 쪽으로 과거를 구출할 수 있다.

이것은 내가 제안한 이론이 아니다. 무의식은 사실이다. 어떤 심리학도, 어떤 신학도 그것을 고려해야 한다. 융은 그것을 바로 할 수 있는 방법을 제안한다. 다른 모든 분석학적 학파들과는 다르게, 그의 사상의 학파는 환자들에게 분석과 분석가와 함께 그것이 되도록 허용하는 유산을 남긴다. 융이 초월적 기능이라고 부르는 것은 우리의 종교적 본능과 협력할 수 있는 효과적인 수단이다.

초월적 기능

초월적 기능은 대극의 태도들 혹은 목표들 혹은 충동들—이미지, 감성, 본능의 콤플렉스 군집들—이 동시에 일어나고 충돌하는 자연스러운 과정이다. 우리는, 마치 강렬한 시합에서 테니스 공처럼 이쪽에서 저쪽으로 동요하는 것을 느낀다. 혹은 더 가끔 우리는 한쪽 반대편을 찬성하다가—그것이 따라야할 바른 것, 합리적인 것이라고 생각하면서—나중에 결국 우리를 사로잡는 다른 반대편에 의해 뒤집힘을 당한다. 무엇이 실례들인가? 굶주림의 공격(hunger attack)에 사로잡혀 있으면서도 따라야하는 정확한 다이어트에 관해 아는 것과 초컬릿 칩 쿠키들(분석을 받는 한 여자는 그것이 원형적 쿠키라고 말한다)을 게걸스럽게 먹는 것에서부터, 은퇴와 귀중한 삶을 위해서 그것에 저항하는 것과 같은, 나의 지향성, 나의 진행의 전체적인 방법이 변하고 있다는 명확한 암시들을 얻는 것에 이르기까지 모든 것이 그 사실에 대한 실례들이 될 수 있다. 그와 같은 대극들의 충돌들은 내가 시간표를 가지고 있다는 것을 알지만 항상 스스로 꾸물거리고 있다는 것을 발견하는 것에서부터 초월적으로 손짓하며 엄격하게 붙잡는 이성이 그것에 저항하고 있다는 것을 느끼는 것까지 모든 것이 될 수 있다.

융은 수많은 의사들이 그가 암을 가지고 있지 않다고 그를 안심시켰을 때 암을 가지고 있다는 망상의 고통을 겪었던 환자의 실례를 든다. 융은 마치 상반된 무엇이 그의 의지를 거슬려 환자 안에서 자라고 있고, 그가 그것에 유의하든지, 그렇지 않으면 그것이 그를 죽일 줄 모른다는 그의 확신을 심각하게 받아들였다. 구원자 충동에 저항하면서, 융은 이것이 무엇인지를 알고 있다고 주장하지 않고 그의 환자에게, "당신의 꿈을 살펴보라; 정신이 말하는 것을 보라"고 말했다. 꿈들은 그가 종교를 그에게 말을 건네는 다른 여성에게 끌리는 것을 막는 도피처를 사용할 수 없다는 것을 그에게 경고했다.[77] 이리하여 꿈꾸는 사람은 그의 꿈들에 반응하면서 천천히 이해하게 되었던 길을 출발하게 되었다.

자기(Self)는, 만약 그것이 저지된다면, 자아의 희생을 요구한다. 우리는 그것을 실패, 불을 거쳐 지나가는 것, 지옥으로 하강하는 것, 혹은 단순히 우리의 삶의 알려진 길을 해명하는 것이라고 느낀다. 이 역동성(dynamism)과 협력하는 것은 우리가 우리를 인도하는 단지 미량의 빛을 가지고 어두움 속을 더듬어 찾아나가는 것과 같다고 느끼지만, 그러나 우리는 우리가 복종해야 하는 권위 있는 현존을 느낀다. 한 수녀가 그녀의 처음 서원들의 4반세기를 축하하는 희년에 그녀의 서원들을 갱신한 후에 이 불꽃을 지나갔다. 그녀가 하나님에 관해 알았다고 생각했던 모든 것은 단지 어두움, 종말을 맞았다. 그러나 그녀는, 나의 오래된 기도들이 더 이상 작용하지 않는다고 할지라도 나는 계속 기도해야 한다고, 말했다. 그것은 마치 중요한 전화를 기다리는 것과 같으며, 따라서 당신은 그 전화가 올 때 밖에 있기를 원하지 않는 것과 같다.[78]

융은 정신이 자연스럽게 대극들 사이에서 이리저리로 다니며 두 편들을 포함할 뿐만 아니라 또한 새로운 것을 포함하는 세 번째의 대안을 천천히 만든다는 것을 발견했다.. 그것이 그가 초월적인 것을 통해 의미하는 것이다. 어떤 것은 충돌을 초월하면서 지어지고, 그리고 그것을 해결하도록 기능한다. 무의식은 자동적으로 이미지들을 던지고, 그리고 의식적으로 우리는 그것들을

---

[77] Jung, *Psychology and Religion: West and East*, vol. 11 of *The Collected Works of C. G. Jung*, trans. R. F. C. Hull (New York: Pantheon, 1938/1958), paras. 12-21; Jung, *Psychology and Alchemy*, vol. 12 of *The Collected Works of C. G. Jung*, trans. R. F. C. (New York: Pantheon, 1953), para. 293. 확장된 실례들을 위해서, Ulanov, *The Functioning Transcendent* (Wilmette, Ill.: Chiron, 1996), chaps. 3, 5, 9. and 10 을 보라.

[78] Ulanov, "The Holding Self: Jung and the Desire for Being," in *Spirit in Jung* (Einsiedeln, Switzerland: Daimon, 1992/1999/2005), pp. 70-74.

받아들이고 그것들과 씨름해야 한다. 우리가 그렇게 하지 않으면, 이미지들은 물러가고 다른 것들이 떠오른다. 정신병원들에 감금된 우리의 이웃들의 슬픈 곤경은 의식적 개입의 필요성을 예증한다. 그렇게 하지 않으면, 파도들과 같이, 무의식은 일어났다가 추락하며, 아무 것도 발생하지 않고 아무 것도 변화하지 않는다. 의식적 참여는 필수적이지만 그러나 충분하지 않고, 그리고 똑같은 것이 무의식적인 것에도 사실이다. 내가 나의 분노에 개입하지 않으면 그것은 계속 될 것이다; 만약 내가 그렇게 한다면 나는 그것이 저절로 드러내는 이미지들을 직면해야 한다. 한 여성이 손들과 손톱들을 가지고 다른 여성의 목과 어깨들을 파내는 꿈을 꾸었는데, 그곳은 그녀의 섬유조직염(fibromyalgia)이 그녀를 공격했던 정확한 장소이었다. 그 당시 그녀는 분노의 파열하는 힘을 의식적으로 느꼈고 그리고 그것을 섬유조직염으로 전치시킴으로써 그녀의 신체에 그것은 작용하지 않았다. 육체적인 고통은 정확하게 생생하지만, 그러나 분노를 그것에 쏟는 것은 견딜 수 없을 정도로 강력하게 그것을 증대시킨다.

우리가 이 상반되는 측면의 관점을 우리에게 분명하게 할 무의식적 이미지 혹은 육체의 증후[79]는 물론 또한 우리가 보증하는 것을 가지고 이리저리로 들어간다면, 이 교환의 과정은 가장 위대한 가치의 대화로 변형된다. 우리는 동등한 주의를 요구하고 단지 사라지지 않을 우리 자신들의 살아있는 부분들과 만난다. 우리는 그것들을 위해서 여지를 만들어야 하고, 그리고 그것은 우리의 전체의 태도를 바꾼다.

분석가로서 수십 년의 경험을 통해, 나는 사람들이 스스로 초

---

79) Ulanov, "The Embodied Self," chap. 7, *Spiritual Aspects of Clinical Work* (Einsiedeln, Switzerland: Daimon, 2004)을 보라; 또한 Ulanov, *Attacked by Poison Ivy: A Psychological Understanding* (York Beach, Maine: Nicolas-Hays, 2001)을 보라.

월적 기능을 의식적으로 경험한다면, 그것은 그들의 자아의 통제와 이해를 초월한 살아있는 무엇으로 그들에게 깊은 인상을 준다는 사실을 확신하게 되었다. 융이 표현하듯이, 그것은 "친밀하게 우리를 만지는 미지의 것"[80]과 같이 느껴진다. 초월적인 기능은 우리의 자아를 벗어나 우리가 우리의 내적인 삶을 책임지고 있다는 가정 쪽으로 우리를 천천히 이동시키고, 그가 자기(Self)라고 부르는 더 큰 중심을 건설한다.[81] 여기에서 우리는 가끔 이 과정의 시작을 질병, 방향상실(disorientation), 혼란으로 느낄 수 있고, 그리고 이것이 우리가 그것을 두려워하는 다른 이유이다. 우리는 고통을 겪는다! 그러나 우리는 또한 현장에서 새롭게 다가오는 것, 새로운 이미지 혹은 심지어 상징, 감정의 약진, 평화를 가져오는 지각을 느낀다. 이 새로운 것이 우리의 의지 혹은 사고의 산물은 아니지만, 그러나 "성격의 가장 깊은 토대[82]와 마찬가지로 그것의 전체성과 일치한다."

이 새로운 것의 도착은 선물, 심지어 은혜와 같이 느껴진다. 나는 그것이 우리가 하나님께서 우리 안에 역사한다고 느끼는 주요한 방법이라고 믿으며, 그리고 융은 유사하게, 그것이 "하나님의 음성으로 불공평하지 않은 특징을 가진 어쩔 수 없는 권위를 소유한다"[83]라고 말한다. 이 과정을 통해서 우리는 융이 자기―전체적 정신에 더 큰 중심―에서 의미하는 것 그리고 내가 자기―전체적 정신을 초월하는 실재에 이르는 다리―에서 의미하는 것을 기록한다. 우리는 신학적인 말로 소위 섭리라는 그 무엇

---

80) Jung, "The Transcendent Function," in *The Structure and Dynamics of the Psyche*, vol. 8 of The Collected Works of C. G. Jung, trans. R. F. C. Hull (New York: Pantheon, 1916/1960), p. 68.
81) Ulanov, *Spiritual Aspects of Clinical Work*, chap. 13.
82) Jung, "A Psychological View of Conscience," in *Good and Evil in Analytical Psychology*, vol. 10 of *The Collected Works of C. G. Jung*, trans. R. F. C. Hull (New York: Pantheon, 1959/1964), para. 856.

이 우리를 직면하고 있는 것처럼 느낀다. 우리가 이 새로운 것을 생산했던 것이 아니고, 더구나 분석가가 했던 것도 아니라는 것이 우리에게 틀림없이 분명해진다. 그것은 그 자체의 자동적이고, 분리된 생생한 새로움에 도달한 것이다.

하나님-이미지들: 주관적이고 객관적인

우리의 영적 여정을 생각할 때, 이 기능적 초월성의 개념은 하나님에 대한 우리 자신의 이미지들과 우리가 우리의 전통으로부터 받은 공식적인 하나님-이미지들과, 그리고 유한한 아무 것도 무한하고 자유로운 하나님을 포함할 수 없기 때문에 이 모든 이미지들이 부서질 때 발생하는 것과 우리가 대화를 나눌 수 있도록 우리를 돕는다. 우리 모두는 하나님에 대한 심상들, 우리가 그것에 대해 알고 있는 심상들과 우리 안에 무의식적으로 작용하는 심상들을 마음에 품는다. 한 작은 소년이 선언했다. 하나님은 "신성한 말"(horse)이에요. "그 말"이거나 "어떤 말"이 아닌, 또는 심지어 "내 말"도 아닌 "신성한 말"이에요. 한 여성은 그녀에게 하나님의 천국은 이국적이고 지역적인 음식들, 음악, 색깔을 가진 다른 모든 인종들, 의상들과 언어들을 사용하는 사람들, 축제로서의 천국 혹은 결혼 연회를 주관하는 그리스도와 같이, 위대하고 좋은 시간에 모두 이야기를 나누는 사람들로 가득 찬 흥분이 넘치는 저녁 파티와 같다고 말했다. 어떤 남자는 갈라진 틈이 개방

---

83) Jung, "A Psychological View of Conscience," para. 856.

되었을 때 그의 손으로부터 쉿 소리가 나는 전기 에너지를 가진, 낮은 보좌에 앉아있는, 갈라진 손을 가진 하나님을 꿈에 보았다. 어떤 여성은 그녀의 십자가를 진 자신을 꿈에 보았고, 예수께서 그곳으로 들어갔고 그녀와 어깨를 나란히 했으며: 그 다음 그녀는 모든 곳에 십자가들을 보았고, 그리고 예수께서 그것들 속으로 들어갔고 사람들을 자유롭게 하였다. 우리는 또한 여성 수도회의 집단적 하나님-이미지들, 해방, 복음주의 신학, 융의 이론과 종족의 승리에 대한 우리의 소견들을 덧붙일 수 있다.

개인적인 하나님-이미지들이든 혹은 집단의 하나님-이미지들이든, 이것들은 하나님에 대한 우리의 인격적인, 주관적인 심상들이다. 그것들은 매혹적이고 우리가 서로 다른 것만큼 가지각색이다. 주일학교 혹은 성인의 종교적 교육은 만약 그것이 친밀하게, 우리에게 우리 자신의 주관적인 자기감(sense of self)을 말하면서, 우리에게 현실적으로 다가오는 이 거룩한 분의 높은 인격적인 심상들을 포함하는 방법을 발견하지 않는다면 아무 소용이 없다.[84]

더구나 하나님의 무의식적 이미지들은 우리 안에 역사하고, 그것들은 우리의 내부적이고 외부적인 삶들이 순환하는 우리의 존재의 중심으로서 행동한다. 우리는 열등감 콤플렉스와 같은 문제, 음주 문제, 중독; 혹은 우리에게 안전을 상징하는 돈에 대한 우리의 가장 깊은 필요; 혹은 이상, 심지어 하나님의 종이 되리라는 종교적 이상—무의식적으로 우리는 하나님의 최고의 종이 되기를 원할 때—에 의해 학대를 당할 수 있다. 그와 같은 하나님-이미지들은 우리가 해마다 계속 기도하려고 분투한다면, 반드시 포함되어야 할 우리의 그림자 자료(shadow stuff)를 파헤친다. 정신은 전체적이길 원하지만 그것이 완전하다는 것을 의미하지 않으

---

[84] Ann and Barry Ulanov, *Primary Speech: A Psychology of Prayer* (Louisville: Westminster/John Knox/Press, 1982), chap. 1.

며, 그러나 모든 부분들이 작용해야 한다는 것을 의미한다. 하나님은 단지 우리의 선택하는 부분들이 아니라 우리의 모든 심장, 영혼, 마음과 힘을 원한다. 이것이 도중 내내 수용을 받아들이면서 집으로 돌아오는 것이다. 수치스러운 비밀, 숨겨진 속임수, 심지어 살인적인 의도, 그리고 또한 감히 사용하지 않은 재능과 파묻은 애정도 식탁에서 자리를 잡는다.

이 주관적인 이미지들은 살아있는 정신으로부터 오는 선물들이다. 그것들은 우리가 잃었던 자기의 작은 조각들, 부당하게 취급을 받으며 감옥에서 혼자 고통을 겪을 수 있는 우리의 부분들을 의식하게 한다. 경건하며 종교적인 한 수녀는 어두운 방에 다섯 번째 여성을 감금하는 네 명의 여성들을 꿈꾸었다. 그리고 그 여성은 눈이 멀었다. 꿈꾸는 사람은 이 여성에 대해 문이 짤깍 잠기는 소리를 들었고, 그리고 슬픔이 그녀의 가슴을 채웠다. 많은 달이 지난 나중에, 꿈꾸는 사람은 감금된 여성과 대화를 나눌 수 있었는데, 그녀는 천천히 어둠에서 벗어나 다시 새로운 삶 속으로 들어가고 있었다.[85]

우리의 전통적 종교들은 하나님-이미지들로 꽉 차 있고, 그리고 그것들이 우리를 끌어당기고 우리 자신이 된다는 점에서 주목을 받는다. 우리는 이 객관적인 하나님-이미지들을 부를 수 있고; 그것들은 성경, 예배, 교리들과 종교적 교육으로부터 우리에게 다가온다. 그것들은 우리가 우리 자신의 경험에서 알지 못하는 하나님의 모습들을 우리에게 보여주고; 그것들은 우리의 종교적 전통 안에 있는 풍부하고 다양한 보물들을 우리에게 노출시킨다. 그것들은 우리에게 거룩한 분의 말들과 행위들을 개방하고, 그리고 하나님은 결코 말과 행위로부터 분리할 수 없다. 따라서 이

---

[85] 이 실례의 확대된 토론을 위해서, Ulanov, *Spiritual Aspects of Clinical Work*, chap. 7, pp. 185-86을 보라.

이미지들 혹은 상징들은 우리에게 신성한 현존의 선물을 준다. 실례들은 바위, 피난처, 성채로서, 여호와가 제사장을 위해서 에봇(ephod)을 만들 때 패션 디자이너로서, 혹은 아담과 이브를 위해서 가죽옷들을 꿰맬 때 재단사로서, 혹은 예루살렘에서 성전을 설계하는 건축사로서의 하나님을 포함한다. 시편들은 우리가 그 아래로 기어들어가는 하나님의 위대한 날개들, 하나님의 짙은 어두움 혹은 영원한 빛, 지성소 안에 은혜의 보좌를 배회하는 신비한 현존을 노래한다. 신약 성경에서 하나님은 우리의 문을 두드리며; 집주인으로서, 저녁 파티의 주인으로서, 치유자, 양육자, 파도를 고요하게 한 분으로서, 경멸을 받는 분으로서 나타난다.

이 이미지들을 주목하고 대화에 들어가는 것은 우리의 영적 여정을 자극하는데, 이것은 하나님이 우리에게 말하고—진실로 우리의 문을 두드리는 한 방법이기도 하다. 가끔 개인적인 하나님-이미지는 우리가 우리의 전통을 신봉하는 것과 크게 다를 수 있다. 충돌은 열려 있고, 그리고 우리는 그것을 두려워한다.

여기에서 내가 두 번째 에세이에서 말했던 그림자 자료가 나타난다. 우리의 하나님에 대한 어쩔 수 없는 주관적인 이미지가 우리가 용인한 전통적인 하나님-이미지에 도전한다면 우리는 무엇을 해야 하는가? 하나님이 여성적으로 나타난다면 어떻게 할 것인가? 우리는 그것을 단지 거절할 수 있는가? 아니다. 우리는 그 이미지에 개입해야 하는데, 적어도 그것 때문에 우리들 중의 일부는 하나님과 대화를 하게 된다. 아마 나는 내가 남자이든 혹은 여자이든, 나에게 여성적인 부분들을 거절할 수 있다. 아마 나는 전통과 사회에서 여성적인 것에 대한 차별에 의해 억압을 받을 수 있다. 이 잃어버린 양은 끝내 발견되고, 예수는 가서 그것을 찾아온다.

하나님에게 기도하고 대화를 나누는 것은 일부분 우리의 타오르는 개인적인 질문들을 포함할 것이다. 지난 삼십년 동안 신학들은 그와 같은 질문을 종교적 담화로 가져왔다. 하나님은, 유색인종, 정치적으로 억압된 사람, 특별한 성적 취향을 가진 사람, 육체적으로 장애를 가진 사람, 정신적으로 병든 사람인 나에게 무엇을 말씀하는가? 어떻게 나의 상황은 하나님과 연관되어 있으며, 그리고 하나님은 이 상황을 통해서 어떻게 나에게 연관되어 있는가?

당신은 이것이 하나님과 아무 관계가 없다고 반대할 수도 있다. 그러나 연관성은 있다고 나는 답할 수 있다. 이것이 하나님이 이 낮은, 육체를 지닌 형상으로, 매일매일 경험을 하는 이 육체로 태어난 우리의 마굿간이다. 이 이상하고 특이한 이미지를 통해 하나님은 우리를 발견하고 우리를 자각시키기 위해서 다가온다. 우리의 주관적인 하나님-이미지는 우리에 관해 많은 것, 우리가 의식으로 받아들이는 것이 필요한 그림자 부분들을 말한다. 이 하나님-이미지들은 우리에게 우리 자신들의 잃어버린 부분들을 가져오고, 우리가 제한된, 유한한 사람들로 부름을 받은 그 모습을 채우도록 우리를 돕는다. 이 주관적인 하나님-이미지들을 부정하는 것은 위험스럽다. 우리는 나사렛에서 태어난 가난한 유대인이 아닌, 다른 분, 더 나은 분을 원한다고 말하며 우리의 문을 두드리는 분을 거절한다. 우리의 영적 여정에서 이 주관적인 하나님-이미지들을 포함하지 않는다면 우리는 육체를 가지지 않은 말들의 종교에 희생자로 전락할 것이다. 신비한 영처럼 임의로 불어오는 살아계신 말씀 대신에, 우리는 텅 빈 훈계들을 얻어 수다장이들, 혹은 존재하는 것을 거절하는, 신학적으로 아는 체하는 사람이 된다.

대극의 위험은, 주관적이든, 객관적이든, 개인적이든 혹은 집단적이든, 우리가 우리의 하나님-이미지들과 무의식적인 동일시로 빠져들 결과로서 생긴다. 종교적 이미지들이 우리 안에 가장 깊은 장소들에서 나오기 때문에 우리는 전적으로 그것들에 의해 추월당할 수 있다. 그것들은 그것들을 넘어선 비개인적인 원형적 유형들과 실재로부터 휩쓸어 올라가는 원시의 에너지들을 얻는다. 이 모든 에너지는 우리의 작은 정신들, 우리의 작은 그룹들을 휩쓸어버리고 우리는, 바다 위에 코르크들(cork)과 같이, 우리 자신의 것이 아닌 에너지들에 붙잡혀 있다. 어린이들을 포함한 순수한 사람들로 가득 찬 비행기들이 사무직원들의 건물 쪽으로 기꺼이 날아 들어가서 모든 사람들을 죽게 만들면서, 이것을 살아계신 하나님의 이름으로 행한다고 믿는 보통의 사람들을 우리는 어떻게 이해할 수 있는가? 이것을 신성한 분에 대한 의무의 놀라운 이행으로서 축하하는 그들 배후에 있는 집단을 우리는 어떻게 이해할 수 있는가?

우리가 우리의 하나님-이미지를 하나님과 동일시할 때마다, 우리는 다른 사람들을 죽음의 고통에 대해 우리에게 억지로 동의하도록 힘쓰는 신학적으로 광적이며 난폭한 사람들이 된다. 내가 융의 하나님-이미지를 생각하는 한 가지 방법은 의식이 대극, 즉 무의식과 대화를 나누는 것이다. 그가 그 이론과 자기를 동일시함으로 인해 그는 곤란에 처하게 되었다. 독일의 정신분석학회 의장과 그 저널의 편집자로서, 그는 독일에서 유대인들과 나치들(Nazis)이 논고들을 제출하고 종국의 화해를 추진시킬 수 있는 다양한 의사소통에 개입하도록 노력했다. 그러나 이것은 그 당시 당신이 유대인이라고 말하는 것조차도 당신이 죽임을 당할 수 있는 때였다.[86]

영적 여정은 우리를 힘든 일에 빠져들게 한다. 우리는 더욱 더 자각하고, 우리 자신들을 위해서 뿐만 아니라 우리의 그룹들을 위해서, 그리고 의식적인 이미지들뿐만 아니라 또한 우리 안에 무의식적으로 작용하는 것들을 위해서 우리의 하나님-이미지들과 동일시할 것을 요청받는다. 이 이미지들이 삶을 가져오고; 그것들은 우리에게 우리 자신들에 관한 정보를 가져온다. 그것들은 살아있는 정신의 본래의 언어이고, 거룩한 분을 우리에게 가져오는 것과 우리가 거룩한 분으로부터 우리 자신들에 관해 배우는 것과 동일시하면서, 우리로부터 말할 뿐만 아니라 또한 우리에게 말한다. 한 여성이 "성령은 어디에서 당신에게로 오는가?"라는 질문을 꿈에서 들었다. 질문을 당한 여성은 그녀에게 성령은 등 뒤로 왔다고 대답했다. 그와 같은 이미지들은 우리가, 하나님이 들어올 수 있는 공간들을 남기면서, 우리 자신들, 그림자 실체들, 부서진 가장자리들에 관해 알 필요가 있는 것들을 우리에게 말한다.

우리는 우리가 생각했던 것을 믿었고, 그리고 우리 모든 사람이 하나님-이미지에 중심을 두고 있다는 의미에서 그것이 마치 하나님인 것처럼 행동하는 무의식적 하나님-이미지와 조화를 이루며 의식적으로 성실하게 행동한다는 것을 배우는 것은 놀랄만한 것이다. 우리가 하나님께 희생을 바치고 하나님을 첫째로 두어야 한다고 요청을 받은 이유는 우리의 이삭(Isaac) 때문이다. 따라서 의식적으로 우리가 제거하기를 소원하는 가장 귀찮게 구는 우리의 문제는 다른 모든 것이 그것을 중심으로 순환하는 작은 신과 같이 무의식적으로 행동할 수 있다. 우리는 살아계신 하나님에게 우리의 열등감 콤플렉스를 희생하도록 요청 받는다.

혹은 그것은 정반대일 수 있다. 무의식적으로 우리는 가끔 즐겁고, 가끔 두려운, 무서운 하나님-이미지를 꿈꾼다. 우리의 의식적인 종교는 무의식적 하나님-심상에 속해있기 때문에 이것과

---

86) Ulanov, "The Double Cross: Scapegoating," in *Spirit in Jung*, chap, 3.

대화를 나누어야 한다. 예를 들면 성실하고 경건하며 진지한 한 여성은 기쁘게 춤을 추는 프레드 아스테르(Fred Astaire)를 꿈꾸었다. 그는 "하나님은 어디에 계시는가?"라고 고함을 질렀다. 그녀는 "당신의 발에"라고 대꾸했다. 꿈은 "당신의 신앙의 삶으로 들어가라, 빠른 걸음으로, 그것의 즐거움을 누려라"를 의미한다. 의식적으로 요한이 말하는 사랑의 하나님을 믿었던 사람은 그가 성스럽고 거대한 돼지 앞에서 존경과 두려움을 가지고 엎드려 절을 하고 있는 것을 꿈꾸었다. 이 무의식적 대상이 그의 예배의 의식적인 이미지를 되돌려 놓지는 못하지만, 그러나 그것이 하여튼 무시될 수 없다. 두 이미지들 사이의 차이는 정말로 클 수 있다. 그러나 그것이 일이 해결되어야 하는 곳이다. 그에게 "돼지"는 무엇인가? 상징학의 역사에서 그 의미는 무엇인가? 그것은 신성의 동물적 형태로서 무엇을 상징하는가? 돼지는 대모 여신(the mother goddess)을 상징했고, 따라서 그는 재생산의 놀라운 힘, 모성애에 관해 무엇을 생각하는가? 이것은 아이들을 가지는 연상들에서부터 모성애를 과대평가하는 것, 여성적인 힘의 질투, 자연의 무서운 힘과 그것과의 관계에 이르기까지, 그가 직면하는 주제들이 무엇이든 그것들을 탐구하게 될 것이다.

    우리의 하나님-이미지들을 탐구하는 것과 더불어 영적 실천은—예를 들면, 성경 안에 있는 그것들—공식적인 하나님-이미지들과 우리의 주관적인 개인적이고 집단적인 이미지들 사이에 있는 간격 안에서 앞뒤로 대화를 나누는 것을 의미한다. 예를 들면 인종차별주의, 성차별주의 혹은 가족의 편견으로부터 우리 자신의 해방 과정을 기술하기 위해 그것을 이용하는 방법을 교정하는 어떤 것이 출애굽기 이야기 안에서 진행되고 있는가? 우리가 마치 한 분이 전체의 세 분인 것처럼, 우리가 세 분의 인격들을 가진 한 분에게만 기도하고 있다는 것을 인식하도록 삼위일체의 교리에서 어떤 것이 우리의 기도하는 방법을 가르치는가? 하나님을 우리에게 실재하게 만드는 우리의 주관적인 이미지들이 거대한 전통적인 이미지들을 기르듯이, 저 객관적인 하나님-이미지들도 대화의 상대를 제공하고, 세대들을 거쳐 공동체 안에서 체험된 하나님의 타자성의 상징을 우리에게 가져온다. 우리의 한계들은 공동체의 방대한 자원들을 만난다. 우리의 특이하고, 심지어 신경증적인 하나님-이미지들의 거친 가장자리들은 역사적 교회 공동체에 의해 형성된 이미지들과 교환하면서 바르게 마모될 수 있다. 그리고 우리의 너무나 똑바르고, 너무나 부드럽고, 너무나 정확한 하나님-이미지들은 교회의 어머니들과 아버지들의 이상한 하나님-이미지들에 의해 해방되고, 개방되고, 기운 있게 변할 수도 있다. 우리는 확실히 2천년의 예배하는 공동체 안에서 가까운 이웃을 발견할 수 있다.

예를 들면, 우리는 융의 녹색의 그리스도의 환상(융은 밤에 깨어서 십자가상의 그리스도를 보았는데, "그의 몸은 초록빛을 띤 금으로 되어 있었다")과 노르비치의 줄리안 부인이 본 십자가의 그리스도의 상처의 환상을 짝 맞출 수 있다: "나는 육체가 채찍질을 받으면서 피를 수없이 흘리는 것을 보았다… 아름다운 피부가 사랑스러운 육체 전체에 가해진 악의에 찬 구타들을 통해서 부드러운 육체로 깊게 부서졌다. 뜨거운 피를 너무 많이 흘렸기 때문에 피부나 상처들 어느 것도 볼 수가 없었고, 모든 것이 피범벅이 되었다."[87] 융이 투리노 수의(Turin Shroud)로 싼 예수의 얼굴을 그의 서재에 가린 채 계속 걸어둔 것은 파스칼이 그의 그리스도의 압도적인 경험을 담은 원고를 그의 가슴 옆 허리 부분이 잘못한 그의 웃옷 안에 숨겨둔 것에 비유될 수 있다.[88] 주관적이며 객관적인 하나님-이미지들, 개인적이며 공식적인 이미지들 사이의 공간은 영적 성장에 너무나 필수적인 힘찬 대화를 위한 넓고 안전한 안식처를 제공한다.

악의 이미지들 혹은 거짓의 이미지들에 무엇이 일어날 수 있는가? 라는 질문에 의해 우리 앞에 있는 문제는 심지어 더 까다롭다. 우리는 이 심상들을 거절할 수 있는가? 형벌을 내리고 판단하는 하나님에 의해 괴로워하는 가난한 영혼들이 슬프게 예증하듯이, 우리는 그것들을 결코 탈출할 수 없는가? 경멸스럽고 화난 소리로부터 도망가려고 노력한 나머지, 폭력적인 사람은 "하나님이 나에게 그것을 하라고 말했다"라고 하면서 다른 사람들에게 폭력을 가하는 된다. 가끔 악의 이미지가 전통적인 하나님-이미지에 의해 제거된다. 수 년 전에 분석을 받던 한 사람은 그의 부모가 그렇게 바랬던 이상적인 경기자가 되지 못한 것에 대해 아버지-거절과 자기-거절의 고통을 겪었다. 그 아들은 어떤 경기의 실연도 불가능하게 만들었던 그 자체가 꼬부라진, 수축된 발가락들이 주는 고통을 겪었다. 분석 중에 우리가 이 모든 것을 추적한 것이 도움을 주었지만, 그가 이태리로 안식년의 여행을 하면서 바라보았던 하나님-이미지를 통해 해방감은 찾아왔다: 그것은 토첼로의 섬에 있는 교회의 제단 위에 반원형 부분에 우주의 창조자로서 그리스도의 모자이크 상이었다. 거기에 맨 발 아래에 세계의 구를 가진, 그것의 주위에 그의 발가락들이 맹금의 발톱들과 같이 꼬부라진, 영원한 주님이며 심판자이신 그리스도가 있었다. 이것들은 이 사람의 것과 같은 발가락들이었다. 이 이미지가 그를 자유롭게 하여 발가락들이 아닌, 전체의 사람이 진위를

---

87) Jung, *Memories, Dreams, Reflections*, p. 210; and Julian and Norwich, *Showings*, trans. Edmund College, O.S.A., and James Walsh, S.J. (New York: Paulist Press, 1978), p. 199.

88) Jung, *Letters*, 2 vols., ed. Gerhard Alderand Anieela Jaffe, trans. R. F. C. Hull (Princeton: Princeton University Press, 1973), vol. 1, Novermber, 24, 1952, pp. 31-32.

드러내는 측면을 구성했다는 것을 보도록 했다. 그와 같은 발가락들이 그리스도를 위해 충분히 좋았다면, 그는 더 이상 그 자신의 것에 관해 걱정할 필요가 없다.[89]

이 실례들이 악의 이미지들, 거짓의 이미지들의 강렬한 질문에 반응하는 것에서부터 우리를 면제시키지는 않는다. 여기에서 수십 년의 임상적 작업이 나의 답변에 그 영향력을 행사하지 않을 수 없다. 모든 이미지들은 그것들이 우리의 것들이기만 한다면 사실이다; 그것은 우리에게 우리가 어디에 있으며 어디로 인도될 것인가의 모습을 우리에게 주는, 정신의 넓은 개방성이다. 미친 혹은 왜곡된 이미지들도 또한 진정한 자기의 잃어버린 작은 부분이 숨어있는 곳일 수 있다는 것을 드러낸다. 우리가 이미지를 경멸하고 그것이 부정하다고 말한다면 우리는 우리 자신들의 이 고아가 되어버린 작은 부분에 손을 내미는 것 대신에 도덕적으로 설명을 하고 있는 것이다. 우리는 들어와서 쉴 장소를 발견하려는 이 부분, 성탄절 밤에 세계에 하나님을 모실 장소를 찾았던 거룩한 부부와 같이 방황하는 이 부분에 우리 자신을 개방하는 대신에 문을 닫는다.

깜짝 놀라게 하는 이미지들은 우리가 그것들과 동일시하거나 멀리 옮기거나, 혹은 그것들을 거절하는 것이 아닌, 우리의 인정을 필요로 한다. 그것들은 사라지지 않는다; 그것들은 단지 무의식적으로 남아 우리가 그것들을 우리의 이웃에, 우리의 정치에, 우리의 직업들에 투사하는 위험을 나타낸다. 의식은 담아주는 그릇, 현실에 대한 검증, 그리고 그 이미지들이 의미하는 것을 작업해내는 데 수반되는 고통을 경험해내는 장소를 제공함으로써, 그 고통이 질병이 되어 우리의 육체를 괴롭히거나, 우리를 대신해서 우리의 자녀들이 짊어져야 하는 것이 되는 불행한 경로를 따르

---

[89] 이 실례의 확대된 토론을 위해서, Ulanov, *Finding Space*, pp. 31-32를 보라.

지 않을 수 있게 해준다. 이 이미지들과의 대화는 무서운 고통을 가져올 수 있지만, 그것은 의미를 조립하는 고통이다. 아무 의미를 가져오지 않는 무의식적 고통은 그보다 훨씬 더 나쁘다.

비동일시와 붕괴

하나님에 대한 이미지들은 자기의 버려진 조각들을 우리에게 가져오고 그것들이 지시하는 이루 말할 수 없이 신성한 하나님의 가까운 곳으로 우리를 안내한다. 우리는 우리 자신들과 우리의 집단들을 위해서, 우리 안에 그리고 우리 가운데 작용하고 있는 이미지들과 동일시하는 것이 필요하다. 그러나 우리가 이 이미지들을 다 써버리기 때문에 여기에서 끝나지 않는다. 그것들은 무한하며 단순하게 지시하는 것들에 지나지 않는다. 실로 그 이미지들의 성공이 그것들을 닳아 헤어지게 만든다. 우리는 우리의 하나님-이미지들과의 참여의 종말에 이르게 된다. 그것은 마치 우리가 어떻게 하나님을 알 것인가를 알도록 우리를 한 때 도왔던 이미지들이 지금은 우리를 무지로 인도하는 것과 같다. 우리는 해변의 끝에 도착하고 방대한 바다, 빛의 끝을 바라보고, 그리고 어두움, 소리의 끝을 응시하며, 그리고 지금 단지 침묵의 소리를 듣는다.

오랫동안 분투하며 기도했던 우리들 중에 어떤 사람들은 이 끝나는 장소를 알고 있는데, 그곳에서 우리는 하나님에 대한 우리의 이미지들과 비동일시하고 그 대신에 닫힌 입을 느낄 뿐이다. 칼 라너(Karl Rahner)는 우리의 도착을 축하한다: "신비를 사랑하지 않는 사람은 누구든 하나님을 알지 못한다; 그는 계속해서 진실하고 진정한 하나님을 지나쳐서 바라보고, 그리고 그 분이 아니라 우리의 명세서들에 맞추진 그 분의 이미지들을 숭배한다."90)

신학적 반전은 이 지점에서 발생한다: 우리의 질문들은 변한다. 더 이상 우리는 이렇게 묻지 않는다; "나에게, 우리에게, 세계에서 정의를 추구하는 나의 주장에, 혹은 나의 사랑하는 아이가 죽어가고 있는 나의 고통에, 혹은 나의 정신적 고뇌에 해답들을 위한 나의 간청에 관하여 하나님, 당신은 누구입니까?" 지금 우리는 이렇게 묻는다; "하나님, 당신은 누구입니까? 내가 당신에게 원하는 대로가 아닌, 내가 당신을 필요로 하는 대로가 아닌, 내가 당신을 두려워하는 대로가 아닌, 당신은 누구입니까? 성별이나, 피부색이나, 나의 교파 혹은 신학이나, 정치적이거나 심리적인 힘이 아닌, 당신은 누구입니까?" 여기에서 우리는 우리의 예배하는 전통으로, 하나님이 어떤 분인가를 하나님이 말했던 것을 보고, 듣고, 만지고, 그리고 맛보기 위해 다시 살필 수 있는 성경으로 되돌아간다. 다시 한 번 우리는 하나님을 위한 우리의 탐구들 및 구성들과 진정한 하나님—소위 하나님의 자기 이미지 안에서, 예수 그리스도 안에서 우리에게 그 간격을 가로질려 오는 하나님—사이에 존재하는 간격의 힘을 느낀다. 여기에서 하나님은 인격으로 우리를 향해 걸어오고, 그리고 우리가 어디에서 오는지 알지 못하게 임의로 불어오는 성령 안에서 우리의 심장들로부터 우리의 모든 선입관들을 태운다. 지금 우리는 우리의 하나님-이미지들을 있는 그대로—그것이 아닌 단지 이미지들, 그 분, 다가오는 유일한 그 분을 본다. 우리는 여전히 이미지들, 혹은 새로운

---

90) Rahner, *Schriften* VII, p. 505. Aniela Jaffe, *Was C. G. Jung a Mystic?* (Einsiedeln, Switzerland: Daimon, 1989), p. 62에서 인용되었음.

것들을 가지고 있지만, 그러나 그것들은 그것들과 그것들이 상징하는 것 사이의 그 공간과 함께 항상, 느슨하게 앉아있다.

이 비동일시가 발생하는 다른 방법은 현실의 불행들에서 온다. 고통은—육체 안에서, 마음 안에서, 영혼 안에서—우리에게 편안한 하나님-이미지들로부터 우리를 쫓아낸다. 상실, 부서진 관계들, 기아, 고통, 다른 사람들에 의한 잔인한 취급, 가난, 미의 결핍, 어리석음—이 모든 것들은 하나님에 대한 우리의 심상들과 진정한 하나님 사이의 간격을 우리의 의식 쪽으로 소개한다. 하나님은 우리가 소원하거나 필요로 하는 분이 아니다; 하나님은 침묵하신다; 하나님은 부재를 느낀다. 예수는 모든 것들이 가능한 그의 친밀한 아버지, 아바(Abba)로서 그가 알았던 하나님께 기도하며, 그가 이 고통의 잔을 피할 수 있기를 기도하면서, 겟세마네 동산에서 이 간격을 느꼈다. 침묵은 답했다; 그의 가장 가까운 제자들에 의한 버림이 답했다; 어두움이 답했다. 이 황량한 장소에서 예수는 악이 승리하고 그를 파괴할지를 몰랐거나 혹은 악이 하나님의 섭리 안으로 모여들어 결국 부서지지 않는 사랑에 의해 패배를 당할지를 몰랐다. 우리와 같은 인간인, 심지어 예수도, 적어도 마가복음 안에서, 우리의 인간의 편에서부터 하나님에게 영향을 줄 수 없었다. 부활도, 죽음의 파멸이 전적으로 파괴하지 못한다는 것을 계시하면서, 간격을 넘어서 하나님의 편으로부터 왔다. 사랑은 견고하고 관대하게 머문다.

그럼에도 불구하고 이 간격은 위험을 가져온다. 우리의 하나님의 심상들은 파괴되거나, 혹은 하나님은 더 나은 계획을 만들지 않았고, 그래서 우리의 사랑하는 사람이 죽을 필요가 없다는 우리의 큰 실망 안에서 우리는 그것들을 벗겨 버린다. 성경으로부터 우리의 객관적인 하나님-이미지들은 하나님을 가깝게 데려오지 못한다. 우리는 어두움 속에 앉아있다. 우리는 우리의 믿음의 오래된 방식을 부활시키려고 시도하면서 당황하며 되돌아갈 수 있다. 우리가 성공한다면 우리의 신앙은 지금 굳어버리게 되고; 우리는 전체의 조직이 붕괴하면 안 되기 때문에 질문들을 두려워하며; 우리는 하나님과 하나님-이미지들 사이의 간격을 부정한다. 혹은 우리는 그것을 잃어버린 것에 절망한 나머지 아주 신앙을 잃어버릴 수 있다. 우리는 그것이 결코 첫째로 존재하지 않았고, 그것은 환상이었다고 말한다. 우리는 마비되고 성령이 수면 위를 운행하는 물로 내려갈 수 없다. 우리가 가졌던 어떤 대화들, 관계들, 혹은 다리들도 부서지고, 그리고 우리는 어두운 무지로 빠져 든다.

사람들은 이 뛰어듦을 살아계신 하나님의 손으로 빠져드는 것이라고 말한다. 우리는, 그녀가 답변이 오기 전까지 22년을 기도했다고 말하는 아빌라의 테레사(Teresa of Avila), 혹은 그녀의 그리스도의 환상을 이해하기 위해서 그녀에게 15년이 걸렸다고 말했던 노르비치의 줄리안(Julian of Norwich)으로부터 용기를 얻으면서, 수십 년간 어두움 속에서 머물 수 있다. 이 어두움 속에서 발생한 것은, 또한 타오르는 빛이며, 급격하게 끼어들어 우리가 알고 있었던 것을 대신하면서 모든 오래된 시발점들을 태워버리는 소멸하는 불인데, 이것은 새로운 것이 성장하기 위한 토대를 파는 것이고, 또한 만들어지는 과정에 있는 다른 출발점이 된다.

그러나 우리는 이것을 알지 못한다; 우리는 알지 못하는 것에 머문다. 간격을 가로지르는 것은 무엇이든 다른 편으로부터 와야 한다; 우리는 우리 편에서부터 하나님에게 이를 수가 없다. 그러나 여기에 놀라운 사실이 있다. 하나님이 간격을 넘어 우리에게 오기 때문에 우리는 그렇게 할 필요가 없다; 그리고 우리는 그것을 받거나 (혹은 거절한다). 여기에 종교를 제 자리에 두려는 강박적인 반복에 의해 지지되는, 기계적인 암송에 의해 지지되는, 성령의 숨결로 호흡할 수 없는 죽어있는 하나님이 아닌, 단지 살아계신 하나님이 계신다. 생기 있는 성령은 다가와서 열매를 맺으며 우리의 살아있는 정신, 육체, 공동체, 정치, 역사, 그리고 나날의 삶 내에서 그것을 숙고하는 우리에게 기운을 북돋운다. 이것이 공간과 시간을 구별하는 예배식의 순환과 같은, 성찬과 한 쌍을 이루는 원무곡(round dance)과 같은, 기쁨의 춤과 같은, 살아계신 하나님이 인간의 가족을 통해 순환(성육신)함으로써 우리가 그리스도의 신비스러운 육체로 변형되는 것과 같은, 창조적인 반복이다.91)

현존

그 간격을 가로질러 찾아오는 것은 새로운 말들이 아니고; 새로운 건강 계획이 아니고; 윤리적 프로그램 혹은 정치적 입장을 밝히는 논고가 아니고; 심지어 새로운 이미지가 아니고, 심지어 사람조차도 아니다. 예수는 우리의 파괴성에 의해 살해당한 채 죽었지만, 그러나 파괴된 것은 아니다. 하나님과 하나님을 위한 우리의 모든 유한한 구조물들 사이의 간격을 가로질러 찾아오는 것은 살아계신 하나님이다. 물론 우리는 어쩔 수 없이 말들과 심상들을 사용하여, 계시록의 유명한 말씀과 같은, 도래한 것을 더듬거리며 말하게 된다: "그러므로 그들이 하나님의 보좌 앞에 있

---

91) Jung, "Transformation Symbolism in the Mass," in *Psychology and Religion: West and East*, vol. 11 of *The Collected Works of C. G. Jung*, para. 418.

고 또 그의 성전에서 밤낮 하나님을 섬기매 보좌에 앉으신 이가 그들 위에 장막을 치시리니 그들이 다시는 주리지도 아니하며 목마르지도 아니하고 해나 아무 뜨거운 기운에 상하지도 아니하리니 이는 보좌 가운데에 계신 어린 양이 그들의 목자가 되사 생명수 샘으로 인도하시고 하나님께서 그들의 눈에서 모든 눈물을 씻어 주실 것임이라."(계7:15-17).

심리학적 언어로, 우리 각 사람들에게 빛을 비추어 신성한 것과 대화를 나누기 위해 모이도록 하는 하나님에 대한 우리의 주관적인 심상들—그리고 하나님으로부터 받은 것을 노력하여 만드는 수세기의 사람들로부터 추려낸 보물들을 선언하는 우리의 객관적인 하나님-이미지들—이 둘은 살아계신, 그곳에 계신, 우리의 모든 인간적 구조물에 외부적인, 자유로운, 타자이지만 그러나 여기에 우리에게 다가오는 객관적인 존재로서의 하나님에게 길을 양보한다. 우리의 언어가 패배당하고, 우리의 상징들이 부서지고, 이 거룩한 현존을 정밀하게 표시한 우리의 이론들이 모래 위에 단지 낙서들이 된다고 할지라도, 우리에게 새로운 생기가 주어진다. 완전히 자유로운 하나님을 중재했던 모든 인간적인 방법들은 불완전한 산격으로 전락하고, 그것은 우리가 올라가고 마침내 우리가 끝에 도달하는 사다리이다. 우리는 그 자체를 우리에게 주는 중재 받지 않은 현존으로 들어간다.

신비한 경험을 위한 적당한 언어는 없다. 비트겐슈타인(Wittgenstein)은 그의 『논리철학 논문』(*Tractatus Logico-Philosophicus*)의 명제 6.25에서 강력하게 똑같은 주장을 관철한다: "나의 명제들은 이런 방식으로 명료하다: 나를 이해하는 그는, 그가 그것들을 통해서, 그것들 위에서, 그것들을 넘어서 올라갔을 때, 마침내 그것들이 무의미하다는 것을 인정한다. (그는, 말하자면, 그가 사다리 위로 올라간 후에 그것을 내던져야 한다.) 그는 이 명제들을 넘어야 한다: 그럼 그는 세상을 바로 보게 된다."92)

우리는 우리의 사고 혹은 상상력의 어떤 범주들 안에서도 완전히 자유로운 하나님을 사로잡을 수 없다. 이것이 그의 무념적 신학(apophatic theology)을 가진 위 디오니시오스(Pseudo-Dionysius)의 천재성이다. 그것은 역시 20세기의 탈구조주의에서 발견된다; 우리의 모든 지식은 우리의 장소, 우리가 알고 있는 상황―우리의 성별, 계급, 역사적이고 문화적인 시간, 인종, 신조, 등에 의해 상대화된다. 신학, 상징적 체계 그 자체는 우리의 이해력을 능가하는 것을 가리키기 때문에 우리는 이해하려고 끈기 있게 시도한다. 신비가들의 부정적 현존의 개념을 빌어서, 배리 율라노프는 이것은 "단순한 부정 혹은 더 낮은 수준에서 더 높은 수준으로의 변형이 아니다. 완성된 것은 육체로부터 영으로 성적 에너지의 전환이 아니고, 오히려 처음으로 육체가 전체적이고 진실한 그 자체가 되는 것을 허용한 육체의 영성화(spiritualization)이다"라는 주장을 관철한다. 이것은 특별한 것, 인간의 육체적 삶의 경계 안에 있는 육체인데, 이것은 "신비적 경험이 활기를 띠게 하는 의례 안에서 … 계급의 결속 혹은 범주적 본질과 관계를 끊었다: 그것은 전적으로 현존한다; 그것은 현존을 가지고 있다."93) 우리는 마치 세계가 제한된 전체인 것처럼, 신성한-인간적인 현존의 구체성을 느끼는데, 이것은 융이 통합(integration)이라고 말하는 것이다. 율라노프는 그것을 "어떤 사물의 완전한 동일시에 의해, 그것의 급진적인 특수성에 의해, (우리에게) 다름 아닌 사물 자체(*Ding an sich*)를 … 제시함으로써,

---

92) Wittgenstein, cited in Barry Ulanov, "Mysticism and Negative Presence," in *Creative Dissent: Psychoanalysis in Evolution*, ed. Alan Roland, Barry Ulanov, and Claude Barbre (Westport, Conn.: Praeger, 1973/2003), p. 257.
93) Ulanov, "Mysticism and Negative Presence," p. 264.

모든 것을 소멸시키는 천국에서 강림하는 불"에 비유한다…. "그리고 이런 종류의 모든 번제들과 같이, 그것은 하나님에게 영광을 돌린다."94)

우리는, 그 다음, 한 사람 혹은 한 그룹 혹은 그들만이 열렬한 헌신으로 진정한 하나님을 알고, 그러므로 그들의 믿음을 모든 사람에게 강요할 권리를 가지고 있다고 주장하는 한 종교의 포학으로부터 우리는 구출된다. 신앙은 배타적 것이 아니다; 그것은 독특한 것이다. 구체적이고 독특한 것이 되기 위해서 그것은 구체화되어야 한다. 여기서부터 우리의 앎의 방법은 존재의 여성적인 양식으로 바뀐다: 우리는 매일의 글쓰기를 통해 알고; 마음, 가슴, 그리고 힘으로 관계를 맺고; 우리의 공식적이고 객관적인 하나님-이미지들과 같은 지적인 지도를 그리기 위해 추상적이지 않도록 하거나, 혹은 우리의 주관적인 하나님-이미지들과 같은 우리의 경험으로 물러나지 않는다. 하나님은 그 주체-객체의 이원론을 부수고 객관적인 주체가 우리에게 제시하는 것처럼 앞에 서 계신다.

종교적 대화 속의 우리의 이전의 과업—우리의 다른 종교적 경험들의 지적인 화해를 추구하기 위한—에서부터 체현(incarnation)으로의 변화가 일어난다. 우리는 우리의 생활 안에서 우리를 만지는 진리를 경험한다. 상징들은 받아들여지기 위해서, 우리가 거룩한 분을 집에 들이면서 마리아와 결합하듯이, 마치 먹거나 혹은 씨를 뿌리는 것처럼 육체로 흡수되어야 한다. 이것은 하나님은 "직접적인 경험의 정신의 사실이다"라는 융의 진술에 가깝다.95) 우리의 앎은 무엇에 관한 앎에서부터 제휴(aligning)로서의 앎, 누구와 함께 하나가 되는 앎으로 바뀌지만,

---

94) Ulanov, "Mysticism and Negative Presence," p. 264.

그러나 그것은 말할 수는 있지만 우리의 말들과 심상들을 항상 아는 것은 부족하다.

더 작은 규모를 보면, 분석의 임상적 모험에서, 이 제휴는 우리가 생각했던 변화들의 약진이 발생할 때 회기 안의 순간과 다르지 않다. 그것이 분석을 받는 사람으로부터 왔는가? 그것이 분석가로부터 왔는가? 그것은 둘 모두를 포함하지만 그러나 어느 것으로 환원될 수 없는 세 번째 근원으로서 그것들 사이에서부터 오는 것 같다. 그와 같은 경험들은, 종교적이든 그리고/혹은 임상적이든, 우리 자신들 안에서 그리고 우리의 세계 안에서 고통을 당하는 그림자 요소들에 어떻게 반응하는가에 대한 통찰력을 자극한다. 예를 들면, 에티 힐레슘(Etty Hillesum)이 유대인들을 괴롭히는 흔한 고통으로 그녀의 등을 매질하는 동시에 생명의 기쁨과 제휴한 것이 이 공간 안에서이다. 그녀는 기도하려고 물러서는 수녀와 같이 은신하려는 그녀의 내면에 하나님의 장소를 보호한다고 말하는데, 그곳에서 그녀는 새롭게 다시 나타나고, 이송 캠프에서 다른 사람들의 처분에 그녀를 맡길 수 있었다. 이 제휴는 아들을 반영하는데, 이 아들은 아들 안에서 그 자신을 보이는 아버지 안에 거주한다. 마이스터 에크하르트(Meister Eckhart)의 환상에서, 우리의 존재의 중심에 있는 우리의 피조물성(uncreatedness) 안에서, 우리는 아버지 내의 아들―하나님이 안전하고, 우리는 그 근원으로부터 살고 있는 공간―과 함께 머문다.[96]

더 큰 규모로 보면, 제휴로서 앎은 우리의 종교적 차이들 안에서 서로의 만남을 발견하기 위한 방향을 암시한다: 우리는 모두

---

95) Jung, "Spirit and Life," in *The Structure and Dynamics of the Psyche*, para. 625.
96) 이 점의 토론을 위해서, 나는 유니온 신학교에서 2003년 가을학기, 정신의학과 종교의 프로그램으로 "Psychology of Spiritual Life" (PS 327)이라는 과목에 참여했던 학생들에게 빚지고 있다.

똑같은 기원의 시발점을 바라본다. 우리는 창작되지 않은 자유로운 기원의 시발점을 바라보면서 그곳에서 만난다. 그곳에서 우리의 분리된 인간화들로부터 구체적으로 표현된 삶으로의 변화는 급격한 특수성을 보이지만 그러나 배타성을 보이는 것은 아니다. 따라서 우리는 21세기의 문제가 되는, 당신의 선과 나의 선 사이의 전쟁을 끊임없이 할 필요가 없다. 우리가 다른 육체들 안에 거주하지만 우리의 방대한 차이점들을 지나서 같은 종류의 인간성을 공유하고 있듯이, 마찬가지로 우리는 같은 기원의 시발점과 그 살아있는 현존을 구체화하는 같은 종류의 과업을 공유하고 있다는 것을 우리는 이해할 수 있다.

에 필 로 그

율라노프를 읽는다는 것: 통합으로서 비계(scaffold)

"통합"은 자신의 신앙 전통과 학문적 훈련들 사이의 대화를 너무나 단조롭게 기술하기 위해 학문적인 복음주의적 공동체가 사용하는 말이고, 그것은 앤 율라노프(Ann Ulanov)가 너무나 통렬하게 설명한 말이다.[1] 순수한 대화 안에서 각 상대는, 다른 사람이 자유롭게 말하고 힘차게 동의하지 않을 수 있는 권리를 허용하면서, 다른 사람의 통찰력들에 개방적이다. 앤 율라노프는 각 대화 상대가 분리된 정체성을 유지하면서, 동시에 상호작용에 의해 변화를 받는다는 것을 우리에게 상기시킨다.[2] 그녀의 특징은 심리학과 신학 사이에서 그리고 자아와 자기 사이에서 평행으로 서있다는 것이다. 두 가지 모든 경우에서 그녀는 대화를 고무시킨다. 그와 같은 대화는, 더 오래되거나 혹은 더 기본적인 것으로 여겨지는 다른 것을 위해서―영성화이든, 심리화이든 혹은 생물화이든―한 전통을 등한히 하는 것을 기껏해야 피하는 것이다.

---

1) Al Dueck, "Integration and Christian Scholarship," in *Integrating Psychology and Theology: Research and Reflections*, ed. Al Dueck (Pasadena, Calif.: Fuller Seminary Press, 2006), pp. ix-xxviii.
2) Ulanov, *Spiritual Aspects of Clinical Work* (Einsiedeln, Switzerland: Daimon, 2004), p. 41.

통합은 언어들의 독특한 정체성이 희생되는, 에스페란토(Esperanto)와 같은 보편적인 언어의 발달과 거의 같지 않다.3) 앤 율라노프의 목적은 기독교가 융의 관점들을 수용하도록 만드는 것이 아니고, 그리고 그녀는 융이 복음주의자들에게 수용적이도록 만들기 위해서 그를 크리스챤으로 단순히 묘사하지 않는다. 한편으로 심층심리학은 일상성(everydayness), 경험과 인간화의 혼란을 지적하면서, 지나치게 영성화된 신앙에 교정책이다. 다른 한편으로 기독교 신학은 그 자체의 소리들을 가지고 있고, 그리고 어떤 비판적인 점들에서, 융과 다르다.

이 에필로그에서 나는 칼 구스타브 융의 통찰력들을 활용하는 신학적 인간학을 명석하게 표현한 그녀의 헌신에 대해서 율라노프 교수에게 명예를 주기를 소원한다. 과거 40년간에 걸쳐 그녀의 융과의 대화는 기독교 심리학자들이 본을 삼을 모델을 제공한다. 여기에 발표된 세 편의 에세이들 안에서, 그녀는 크리스챤들이 융의 통찰력들을 내내 활용하는 동시에 기독교 전통 내에서 그들의 삶을 살아갈 수 있는 방법을 직접적으로 말한다.

수십 년을 걸쳐 융과 기독교를 통합하는 책들을 읽으면서 나는 가끔 융의 사상에 물든 기독교이든 또는 완전히 세례를 받은 융이든 어느 것이든지 물려받았다. 어떤 사람들은 사람이 융과 어떻게 대화를 할 수 있는가를 위한 모델들을 제공해왔다: 존 샌포드(John A. Sanford), 크리스토퍼 렉스 브라이언트(Christopher Rex Bryant), 몰톤 켈시(Morton T. Kelsey), 그리고 로버트 존슨

---

3) Al Dueck, "Babel, Shibboleths, Esperanto, and Pentecost: Can We Talk?" *Journal of Psychology and Christianity 21* (2002): 72-80; and Al Dueck, *Between Athens and Jerusalem: Ethical Perspectives on Culture, Religion, and Psychotherapy* (Grand Rapids: Baker Books, 1995), chap. 8.

(Robert A. Johnson).4) 율라노프와 다르게, 이 저자들 중의 어떤 사람은 기독교가 융의 개념들을 예증하거나, 혹은 그리스도는 최초의 융학파(proto-Jungian)였다는 인상을 준다. 가끔 역사적 기독교 신학의 관점에서 융의 비판이 거의 없다. 때때로 기독교 심리학자들이 융의 치료법의 접근을 포함시키는 것을 정당화하기 위해서, 기독교는 부드러워지고, 동화되고, 심지어 "심층들"(depths) 속에 다시 자리를 잡는다.

신학적 관점에서 학문적 훈련과 대화를 나누는 것은 상호문화적이거나 혹은 상호종교적인 대화와 약간 유사하다.5) 두 가지 매우 다른 문화들 혹은 종교들이 대화를 하게 될 때 중요한 주제는 대화에서 각 상대의 출발점이다. 사람이 일상적인 통용어로 혹은 자신의 모국어로 말할 것인가? 다이애나 액크(Diana Eck)는 여러 가지 종교적 전통들을 포함한 대화에서 불가피하게

---

4) Sanford, *Dreams: God's Forgotten Language* (Philadelphia: Lippincott, 1968); and *The Kingdom Within: A Study of the Inner Meaning of Jesus' Sayings* (Philadelphia: Lippinott, 1970)를 보라; Bryant, *Depth Psychology and Religious Belief* (Mirfield, Eng.: Mirfield Publicaitons, 1972); and *Individuation and Salvation* (London: Guild of Pastoral Psychology, 1984)을 보라; Kelsy, *Christianity as Psychology: The Healing Power of the Christian Message* (Minncapolis: Augsburg, 1986); *Christo-Psychology* (New York: Crossroad, 1982); and *Healing and Christianity: A Classic Study* (Minneapolis: Augsburg, 1995)을 보라; 그리고 Johnson, *He: Understanding Masculine Psychology: Based on the Legend of Parsifal and His Search for the Grail Using Jungian Psychological Concepts* (New York: Perennial Library, 1977); *She: Understanding Feminine Psychology: An Interpretation Based on the Myth of Amor and Psyche and Using Jungian Psychological Concepts* (New York: Harper & Row, 1977); *We: Understanding the Psychology of Romantic Love* (San Francisco: Harper & Row, 1983); *Ecstasy: Understanding the Psychology of Joy* (New York and London: Harper & Row, 1989); and *The Fisher King and the Handless Maiden: Understanding the Wounded Feeling Function in Masculine and Feminine Psychology* (San Francisco: HarperSanFrancisco, 1995)를 보라.
5) Dueck, "Babel, Shibboleths, Esperanto, and Pentecost."

각 사람은 특수한 사회적이고 종교적인 위치에서 말을 한다고 시사했다.6)

율라노프의 고백적 토대는 역사적 기독교 신앙이다. 융이 그 전통을 떠난 그곳에서, 율라노프는 그에게 동의하지 않고 그의 사상으로부터 다른 청사진을 그린다. 융이 그녀가 사용할 수 있는 범주들을 제공할 때 율라노프는 그것들을 빌려서 그것들에 기독교적 내용을 채운다. 그녀의 고인이 된 남편과 함께 쓴 한 책, 즉 나의 학생들에 의해 일관되게 평가를 받고 있는 한 책 속에서, 율라노프는 욕망의 역할, 상상력의 장소, 상처받기 쉬움의 중요성에 강조를 두고, 크리스챤의 기도의 실천을 풍부하게 하기 위해서 융의 통찰력들을 사용한다.7) 그런데 융은 건설을 돕기 위한 비계로서 기능한다—그러나 그가 지적인 체계는 아니다.

율라노프의 융과의 신학적 대화의 독특성은 여러 가지 분야들에서 증명되어진다. 첫째, 나는 주관적인 경험으로서 그리고/혹은 독립적인 실재로서 하나님에 대한 융의 관점에 대한 그녀의 반응을 면밀하게 살펴볼 것이다. 그것은, 차례로, 그리스도 안에 하나님의 자기 계시의 두 번째 주제를 제기한다. 개인의 삶에서 예수의 역할에 대한 융의 관점은 무엇인가? 세 번째, 나는 악에 대한 융의 관점에 대한 율라노프의 반응을 탐구할 것이다. 융은 악의 본질과 개인 내에서 그 현존에 대한 강한 확신들을 가지고 있었다. 마지막으로 나는 정체성의 형성에서 자기와 다른 사람들의 관계로 이동할 것인데, 나는 이것을 융과 율라노프를 비교할 수 있는 어떤 비판적인 요점으로 이해한다. 각 경우에 나는 융의

---

6) Eck, *Banaras: City of Light* (New York: Columbia University Press, 1999); and *Encountering God: A Spiritual Journey from Bozeman to Banaras* (Boston: Beacon Press, 2003).
7) Ann and Barry Ulanov, *Primary Speech: A Psychology of Prayer* (Atlanta: John Knox, 1982).

위치를 배경으로 설명할 것이고, 그리고 어떤 일반적인 주제들을 제기하며, 그리고 그 다음 율라노프의 독특한 공헌을 최전면에 가져올 것이다.

하나님

프롤로그와 율라노프의 에세이들에서 이미 명백하듯이, 융은 정신 내에서 초월성과의 경험적인 만남을 진지하게 받아들였다. 그는 내가 아닌 분, 거룩한 분과의 어떤 만남도 심각한 심리적 결과들을 가져온다고 느꼈다. 타자와의 이 만남은 무의식에서 일어나고 자아를 공격한다:

> 무의식의 침입으로부터 한 번 고통을 겪은 사람은 누구든 공개된 상처는 아닐지라도 적어도 흉터는 가지고 있다. 그가 이해하는대로, 그의 전체성, 그의 자아의 성격의 전체성은 몹시 손상을 받는다, 왜냐하면 그것은 그가 혼자가 아니라는 것이 분명해졌고; 그가 통제하지 못했던 것이 그와 함께 같은 집에 있으며, 그리고 그것은 물론 자아의 성격의 자존감에 상처를 입히고, 그 자신의 군주정치에 치명타를 주기 때문이다.[8]

그러나 영구적인 주제는 융이 하나님을 정신에 독립된 실재로

---

[8] Jung, *Nietzsche's Zarathustra: Notes of the Seminar Given in 1934-1939*, vol.s 1 and 2, ed. J. L. Jarrett (London: Routledge, 1989), vol. 2, p. 1233.

서 바라보았을까하는 문제이다. BBC 프로그램, "얼굴을 맞대고" (Fact to Face)에서 행한 1959년의 인터뷰에서 존 프리맨(John Freeman)은 융에게 그가 하나님을 믿는지를 물었다. 융은 "나는 하나님을 믿을 필요가 없지만, 그러나 나는 안다"라고 답했다.9) 융은 하나님의 객관적인 본질과 존재에 관하여 침묵을 지키겠다고 주장했다. 그의 초점은, 그는 말하기를, 심리적인 것이고, 인간의 정신에 거룩한 분의 내적인 충격에 맞추어져 있었다. 그는 교리적인 것뿐만 아니라 또한 형이상학적인 것을 피하기를 희망했다. 융은 논평하기를, "초월적인 것에 관한 어떤 진술도 피할 것이다, 왜냐하면 그와 같은 진술은 항상 그 한계들을 의식하지 못하는 단지 인간 마음의 어리석은 가정이기 때문이다."10) 다른 한편으로 융은 마틴(P. W. Martin)에게 보낸 편지 안에 이렇게 적기를, "나의 일의 주요한 관심은 누미노제(numinous)에 대한 접근이다 … 그러나 사실은 누미노제가 진정한 치료(therapy)이다."11) 그가 죽기 삼일 전에 융은 말하기를, "오늘까지 하나님은 나의 고집스러운 길을 세차게 그리고 무모하게 가로지르는 모든 것들을, 또한 나의 주관적인 견해들, 계획들과 의도들을 뒤엎는 모든 것들을 지적하는 이름이다."12) 이 논평들은 과연 융이 정신을 넘어서 있는 하나님을 인정했는가에 관해 사람들을 혼란에 빠트린다.

진정으로 융이 정신과 독립된 하나님을 고백할 수 없었다면 집단적 무의식 속에 거주하는 원형들은 대리적 신의 용어가 된다: 원형은 배워질 수도 없고 역시 문화를 통해 습득할 수 없으

---

9) 이 인용구의 오디오 클립(audio clip)은 아틀란타의 융의 협회의 웹 사이트: http://www.jungatlanta.com에서 이용할 수 있다.
10) Richard Wilhelm and C. G. Jung, *The Secret of the Golden Flower: A Chinese Book of Life* (New York: Harcout, Brace & World, 1931), p. 135.
11) Jung, letter to P. W. Martin, 20 August 1945, Andrew Samuels, *Jung and the Post-Jungians* (London: Routledge & Kegan Paul, 1985), p. 16에서 인용됨.
12) Jung, Edward Edinger, *Ego and Archetype* (Baltimore: Penguin Books, 1972), p. 101에서 인용됨.

며, 그것의 의미는 문화들을 가로질러 비슷하다. 그가 자기분석에서 그리고 뷔르그홀찌(Burgholzi) 병원에서 보았던 정신병 환자들에게서 주목했던 문화적 주제들의 편재성에 기초를 두고, 융은 원형들의 형태는 보편적이고, 반면에 문화는 그 내용을 채운다는 것을 제기했다. 인간의 삶은 원형들에 의존한다. 대부분의 신의 용어들과 같이, 이 원시의 형태들(알 수 없는)과 이미지들(산물들)이 삶에 의미를 준다고 가정된다. 이미지들의 강력한 효과는 그것들의 자율성의 결과이다: 신들과 같이, 그것들은 단지 나타날 뿐이다. "이 이미지 안에서 어떤 특징들, 원형들 혹은 지배자들은 시간을 거쳐 구체화된다"라고 융은 설명했다. "그것들은 지배하는 힘들이다."[13] 데카르트가 이성이 인간성에 보편적이라고 제안한 반면에, 융은 원형적 구조들이 보편적 토대를 제공한다고 생각했다. 그의 원형들은 플라톤의 원초적인 이데아들(Original Ideas)안에 전조들을 가지고 있을지라도, 원형들은 융의 근거주의(foundationalism)의 형태이다. 신성과 같이 원형들은 인간의 삶에 질서를 주고; 그것들은 자기규제를 가능하게 한다. 객관적인 하나님이 없을 때 주관적인 원형들이 신과 같은 역할로 봉사한다.

다른 한편으로 누미노제가 정신과 독립된 정체성이라면 영혼에서 나타나고 자아를 제한하는 원형적 이미지들 위에 서있는 하나님에 관해 무엇이 말해질 수 있는가? 이 하나님이 인간의 인격이 윤리적으로 변형되는 관계로 사람을 초대하는가? 과거의 세기의 주목받은 유대인 철학자, 임마누엘 레비나스(Emmanuel Levinas)는 변화, 혹은 다른 것이 된 것의 중요성을 우리에게 상기시킨다.[14] 그는 사랑하고 상처를 입히지 않기 위해서 타자(the

---

13) Jung, *Collected Works*, vol. 7, para. 151, Samuels, *Jung and the Post-Jungians*, p. 27에서 인용됨.
14) Levinas, *Totality and Infinity: An Essay on Exteriority* (Pittsburgh: Duquesne University Press, 1960): and *Otherwise Than Being: Or, Beyond Essence* (Boston: M. Nijhoff, 1981).

Other)가 우리에게 두는 윤리적 요구를 강조한다. 심지어 더 급진적으로 레비나스는 타자는 자아를 공격하고, 의무를 가지고 의식의 흐름을 방해하고 그리고 정신 내에서부터 그렇게 하는 것이 아니라 그것을 넘어서 그렇게 한다는 것을 강조한다. 그는 신성한 분(the Divine)과의 존재론적 연합에 덜 관심을 가지고 그 신비가 우리의 논제화(thematizing)를 넘어서 있는 하나님에게 더 관심을 가진다.[15]

누미노제가 원형을 통해 나타난다면 누미노제는 융의 체계 속에 있는 자아를 어떻게 상대화할 수 있는가? 레비나스의 통찰력들을 사용하면서 루시 후스킨손(Lucy Huskinson)은 자기의 완전한 정의는 결코 있을 수 없다는 것을 지적한다. 자기가 하나의 전체적인 것으로서, 완전한 것으로서, 대극들의 통일로서 정의된다면, 그렇다면 자기는 닫친 심리학 체계 안에 있는 단지 *필연적인* 가정이다. 그럼 하나님은 진실로 타자가 아니다.[16]

율라노프는 이 주제에 대해 어떻게 융에게 반응을 하는가? 이 에세이들 안에서 율라노프는 하나님을 자기로 축소시키는 것을 매우 싫어했던 융을 기초로 삼는다.[17] 신학자로서 율라노프는 정신에 독립한 상태로 존재하는 하나님을 단언한다. 그녀의 첫 번째 에세이에서, 그는 명백하게 진술하기를, "삼십 년 이상의 임상적 작업을 통해, 융의 전문어로, 자기(Self)는 하나님이 아니고, 우리 안에 하나님을 알고 있는 것이라는 사실을 나는 명쾌하게 깨

---

15) Levinas, "Ethics of the Infinite," in *Debates in Continental Philosophy: Conversations with Contemporary Thinkers*, ed. Richard Kearney (New York: Fordham, 2004), pp. 65-84.
16) Huskinson, "The Self as Violent Other: The Problem of Defining the Self," *Journal of Analytical Psychology* 47 (2002): 437-58을 보라.
17) 특히 이 책의 첫 번째 에세이를 보라.

닫는다."18) 그녀가 순수한 주관성을 넘어서 어떻게 움직이고 있는가를 다음의 인용에서 주목하라:

> 종교적 가치의 분야에서 우리의 투사들을 다루면서 우리는 내면에 계신 하나님, 융의 언어로 우리가 하나님에게 투사한 정신의 이미지, 자기의 원형과 의식적으로 관계를 맺을 필요가 있고, 그리고 또한 우리 안에 계시지 않는 하나님과도 의식적으로 관계를 맺을 필요가 있다. 우리는 거룩한 분의 우리의 주관적인 경험에 접근하고, 조직화된 종교들이 말하는 하나님에게 접근하기 위해서 가치의 전통적인 체계들이 하나님에 관해 우리에게 말하는 것을 다루어야 한다.19)

안에 있는 분과 밖에 있는 분 사이를 구별하지 못하는 것은 우리에게 우상숭배의 죄를 열어놓는 것이다.20) 율라노프의 확언은 크리스챤들에게 적절한 사람의 모델을 구성하는 것에 대해서 중대하다.

이 하나님의 특징은 무엇인가? 율라노프는 하나님을 예수 그리스도의 인격 안에서 우리에 다가오는 분으로 이해한다. 그는 진술하기를,

> 하나님은 찾아와서 우리의 긴 날의 죽음, 우리의 허무, 그리고 우리가 돌아갈 먼지 안으로 들어온다; 하나님은 우리

---

18) 이 책의 첫 번째 에세이, pp. 33-34를 보라.
19) Ulanov, "The Self as Other," in *Carl Jung and Christian Spirituality*, ed. Robert L. Moore (New York: Paulist Press, 1988), p. 57.
20) Ulanov, "The Self as Other," p. 58.

가 그것을 다른 사람에게 가함으로써 확대하는, 인간의 삶이 수반하는 고통을 하나님의 자기(God's self)에 흡수한다. 하나님은 순수하고 거룩한 분이 마치 죄가 있는 것처럼 고통을 당한 십자가 위에서 결과들을 받아들이면서, 하나님을 거절하는 자유로운 피조물들로 우리를 창조한 것에 대한 책임을 지신다. 악의 논리는 여기에서 멈춘다.[21]

율라노프는 융을 그녀의 내담자들과의 작업 안에서 비계(scaffold)로서 사용한다. 그는 사람이 하나님을 경험하는 방법이 개인의 성격의 구조 안에서 굴절된다는 융의 의견에 동의한다. 남자들은 여자들과 다르게 하나님을 경험할 수 있고, 내향적인 사람들은 외향적인 사람들과 다르게, 과학자들은 예술가들과 다르게, 고대인들은 현대인들과 다르게 경험할 수 있다. 심리적으로 민감한 문화 안에서, 시간을 거쳐 정신 안에 지어진 형태들이 개인이 경험할 수 있는 하나님의 이미지들이 무엇이든 여과한다는 것을 동의하지 않는 사람은 없을 것이다.[22] 쪼개지거나, 거절되거나 혹은 무색케 된 이 측면들이 말을 건네기 위해서는 시대의 빛이 필요하다.

율라노프는 내담자들과 함께 하는 그녀의 작업을 하나님의 현존 안에서 일어나고 있는 것으로 본다. 더불어 그들은 우상숭배 혹은 유아론(solipsism)의 위험을 피하면서 중심이 되는 하나님 주위를 회전한다. 그녀는 "우리가 함께 하는 것은 똑같은 중심 주위를, 우리의 자아들을 붙들고 있을 뿐만 아니라 또한 동시에 그것들의 지배권을 해소하는 주위를 회전한다"라고 말한다.[23] 그

---

21) 이 책 p. 96을 보라.
22) J. B. Phillips, *Your God Is Too Small* (New York: Marcmilan, 1953).
23) Ulanov, *Spiritual Aspects of Clinical Work*, p. 23.

녀는 릴케(Rilke)를 인용한다: "나는 하나님 주위를, 고대의 탑 주위를 회전한다, 그리고 나는 천년 동안 회전해오고, 그리고 내가 매, 혹은 폭풍, 혹은 위대한 노래인지를 나는 여전히 모른다."24) 우리는 세 가지 방식의 대화 안에서 내담자의 고통의 이야기를 듣는 방식으로 하나님과 대화한다. 결정적인 주제는 병리학이 아니고, 우리가 이 중심이 되신 분(Center)에게 얼마나 가까이 있는 가이다. 이 이해는 치료사와 내담자 사이의 힘의 차이를 급격하게 동등하게 만든다. 내담자도 치료사도 어느 쪽도 다른 사람에게만 의존할 수 없다.

융은 자아를 거룩한 분과 동일시하는 교만의 위험에 관해 분명하다. 그러나 그는 영혼 안에서 나타나는 하나님-이미지들을 위해 자극을 주는 분이 누구인가에 관해 덜 분명하다. 율라노프는 영혼 안에서 일어나는 초월적인 이미지들을 주의할 중요성을 보고, 그리고 그녀는 그것들이 기독교 전통과 일치할 때 그 이미지들을 긍정한다. 복음주의자들은, 하나님이 전체성의 성전(a temple of wholeness)을 짓듯이, 회개 안에서 무너지고 변형 안에서 재건되는, 영혼을 안정시키는 구조를 필요로 한다.

그리스도

하나님은 단지 내적으로 경험되어지고, 신비 안에 가리어 있는가, 혹은 하나님은 또한 구체적인 형태 안에서 경험되는가? 사람

---

24) Ulanov, *Spiritual Aspects of Clinical Work*, p. 23. R. M. Rilke, *Selected Poems of Rainer Maria Rilke*, trans. Robert Bly (New York: Harper & Row, 1981), p. 13을 보라.

은 이 내적인 힘을 어떻게 인정이 많은 것으로 혹은 악의가 있는 것으로 인지할 수 있는가? 기독교 전통에서 우리는 "나는 스스로 있는 자이다"(출3:14)라는 여호와의 본질을 예수 그리스도의 인격 안에서 발견한다.

그의 저술들의 전집 안에 여러 가지 곳들에서 융은 개인을 위한 그리고 사회를 위한 예수의 의미를 설명한다. 사실상 예수는 융에게 너무나 심리적으로 의미심장한 분이기 때문에 그 분은 융의 꿈들에서 나타난:

> 어느 날 밤에 나는 깨어났고, 나의 침대의 밑쪽에서 밝은 빛이 가득한 채 나타난, 십자가상의 그리스도의 모습을 보았다. 그것은 아주 실제 크기는 아니었지만, 그러나 극히 분명했고, 그리고 나는 그의 육체가 초록빛의 금으로 만들어진 것을 보았다. 그 환상은 놀라운 정도로 아름다웠다. 그리고 여전히 나는 그것에 의해 심각하게 떨림을 느꼈다.25)

융은 예수가 의미 있는 역사적 인물, "방랑하는 기적의 랍비," 원형적 인간이었다는 것을 인정한다.26) 융은, 우리는 "그가 그 개인적인 독특성 안에서 그의 삶을 살았던 만큼 진실하게 우리 자신들의 적절한 삶들"27)을 산다는 의미에서 그를 모방해야 한다고 제의한다. 우리는 우리 자신의 고통의 십자가를 각자 지어야

---

25) Jung, *Memories, Dreams, Reflections*, trans. Richard and Clara Winston (New York: Vintage Books, 1961), p. 210.
26) Jung, *Letters*, 2 vols., ed. G. Alder and A. Jaffe, trans. R. F. C. Hull (Princeton: Princeton University Press, 1975), 2: 205.
27) Jung, *Psychology and Religion: West and East*, vol. 11 of *The Collected Works of C. G. Jung*, trans. R. F. C. Hull (New York: Pantheon, 1938/1958), para. 340.

하고, 우리의 개인적 모순들 사이에 잡힌 채, 더 큰 개인적 의식으로 옮겨야 한다고 융은 믿기 때문에, 융에게 이것은 단지 그리스도의 모방(imitatio Christ)의 문제가 아니다. 완벽한 인물로서 예수와의 지나친 동일시는 결국 신자의 삶에서 그림자의 힘의 과소평가를 초래할 것이다.[28] 예수는 광야에서 유혹을 견디었기 때문에, 융은 예수가 그의 성격의 그림자를 잘라내었다고 느꼈다. 그러므로 융은 우리에게 우리가 그의 본보기를 따름으로써 그리스도를 모방해서는 안 된다고 말한다.

예수는 융에게 자기의 원형을 예시하고,[29] 그리고 융은 그리스도가 서구를 위한 결정적인 상징으로 남는다고 암시했다. 그의 생애는 다양한 문화들의 민담에서 흔한 영웅의 원형을 따른다. 융은 말하기를,

> 그리스도에 관한 상징적 진술들의 가장 중요한 것은 영웅들의 삶의 속성들을 드러내는 것들이다: 있을 법하지 않은 태생, 거룩한 아버지, 위험한 탄생, 아슬아슬한 때의 구출, 조숙한 발달, 죽음의 정복, 기적적인 행위들, 비극적인 이른 종말, 상징적으로 죽음의 의미 있는 방식, 죽음 뒤의 영향들(재출현, 징후들과 놀라운 일들, 등).[30]

그리스도가 통과했던 단계들은 우리가 모두 통과해야 하는 단

---

28) Jung, Aion: *Researches into the Phenomenology of the Self*, vol. 9b of *The Collected Works of C. G. Jung*, trans. R. F. C. (Princeton: Princeton University Press, 1959), para. 245.
29) Jung, *Aion*, p. 37.
30) Jung, "A Psychological Approach to the Dogma of the Trinity," in *Psychology and Western Religion*, trans. R. F. C. Hull (1948; Princeton: Princeton University Press, 1984), pp. 50-51.

계들이다.31) 예수는 전체성의 목표, 자기에서 명백하게 드러난 하나님-인간(신인)의 형태이다. 서구에서 모든 사람 안에 살아있는 하나님-이미지는 그리스도 안에서 최고로 보여진다. 객관적인 역사적 예수보다 더 중요한 것은 우리의 삶들 안에서 성육신(incarnation)을 구하는, 내면에 있는 예수이다. 그러나 융에게 "그리스도-상징은 그것이 사물들의 어두운 측면을 포함하지 않고 루시퍼(타락한 천사장)와 같은 적의 형태로 특별히 그것을 배제하기 때문에 현대의 심리학적 의미에서 전체성을 결한다."32)

칸트는 공간과 시간의 두 범주들은 이성 안에 타고난 것이고 세계의 우리의 지각을 정돈한다고 제안했다. 예수를 말하면서 칸트는 융을 미리 알린다:

> 신인(God-Man)의 출현에서(지상에서), 감각을 찌르고 경험을 통해 알려질 수 있는 것은 그 안에 없지만, 그러나 오히려, 우리의 이성 안에 누어있는, 우리가 그에게 귀속시키는 원형은 있는데 (그의 본보기가 알려지는 한, 그가 그것에 일치한다는 것이 발견되기 때문에), 그것은 진정으로 구원하는 신앙의 대상이며, 그리고 그와 같은 신앙은 하나님을 매우 즐겁게 하는 삶의 과정의 원리와 다르지 않다.33)

칸트가 그의 공간과 시간의 인식론적 원형들을 가지고 흄의 회의론자들로부터 이성을 구제하듯이, 융은 현대 종교의 회의론

---

31) Edward F. Edinger, *The Christian Archetype: A Jungian Commentary of the Life of Christ* (Toronto: Inner City Books, 1987).
32) Jung, *Aion*, p. 41.
33) Kant, *Religion Within the Limits of Reason Alone* (New York: Harper Torchbooks, 1960), pp. 109-10. 나는 이것이 나의 주의를 끈 것에 대해서 Brian Becker에게 빚지고 있다.

자들로부터 누미노제―집단적 무의식 안에서 발견된 원형들로서―를 구출한다.

예수의 중요성이 원형적이라면, 기독교 성경의 예수는 인간적인 것의 의미에 대한 규범인가?[34] 사람은 삶과 죽음에서 예수의 추종자들이 되라는 소명을 가지고, 집단무의식들의 메시지들을, 꿈들과 직관들의 메시지들을 검증하는가? 이 원형적 이미지들은 케노시스(kenosis), 자기 비움을 암시하는가? 필립 리프(Phillip Rief)는 신성한 문화들에서 계시는 윤리의 원천이고 인간 본성의 서술이라고 적는다.[35] 그러나 융의 기독론이 역사적인 기독교의 고백 위에서 구성된 것이 아니기 때문에 그리스도 원형의 내용과 의미는 여러 가지 문화적인 주제들, 원형들로부터 귀납적으로 채워진다.

융은 그가 그 구별을 유지하고 있는지가 항상 분명하지 않을지라도, 정신의 경험을 말하고 있지, 교리적으로 말하는 것은 아니라고 주장한다.[36] 율라노프는 정통파의 신앙과 주관적 경험 사이를 구별하는 데 있어서 더 조심스럽다:

> 기독교 전통은 성육신으로서 이 구체적 관념에 관해 말한다. 사람은 추상적으로 하나님의 진리를 받거나 혹은 참여할 수 없다; 사람은 예수의 인격의 말들과 현존을 통해

---

34) G. Clarke Chapman, "Jung and Christology," *Journal of Psychology and Theology* 25 (1997): 414-426.
35) Rieff, My Life among the Deathworks: Illustrations of the Aesthetics of Authority (Charlottesville: University of Virginia Press, 2006).
36) 예를 들면, 융은 예수를 현세적이면서도 영원한, 독특하고 보편적인 분으로 기술한 후, "이 신조는 심리적 자기뿐만 아니라 또한 그리스도의 교리적 모습을 설명한다. 내가 여기 그리스도와 자기 사이에서 끌어내는 유사점은 단지 심리적인 것보다 더한 것으로 볼 수 없다."라고 진술한다. Jung, Aion, p. 63, 67.

그리고 역사를 통해서 그에게 셀 수 없는 사람들의 반응들을 통해 그것을 단지 들을 수 있다. 단지 인간을 통해서만 거룩한 분은 자신을 알려지게 한다.37)

울라노프는 그녀가 다음과 같이 말할 때 칼케돈 신조를 긍정한다:

여기에 인간의 고통 속으로 들어오는, 죄에 의해 압도 당하고 악의 정사들과 권세들에 의해 사로잡힌 채 인간들의 고뇌들, 슬픔들과 비탄들을 스스로 떠맡은 하나님의 상이 있다. 아들이 고통을 겪은 것을 아버지도 고통을 겪는데, 그들은 똑같은 본질이기 때문이다.38)

더욱이 예수는 우리의 육체들과 우리의 꿈들 안에서 우리를 만질 수 있고 만지는 하나님이다.39) 울라노프는 그녀의 첫 번째 에세이에서 "예수 그리스도의 신학적 사실의 경험은, 모든 경험이 그렇게 하는 것처럼, 정신을 통해서 우리에게 다가온다"라고 진술한다.40) 그러나 그녀는 또한 그리스도의 인간성 안에서 하나님의 자기노출을 말한다:

여기에서 우리는 하나님이 누구인지를 하나님이 말했던 것을 보고, 듣고, 만지고 그리고 맛보는 것을 조사하기 위해 우리의 예배하는 전통, 우리의 성경 속으로 다시 되돌

---

37) Ulanov, "The Self as Other," p. 60.
38) 이 책 p. 101를 보라.
39) Ulanov, *Spirit in Jung* (Einsiedeln, Switzerland: Daimon, 1990/2005).
40) 이 책 pp. 60-61을 보라.

아간다. 거듭 다시 우리는 하나님에 대한 우리의 추구들과 구성들과 하나님의 진정한 모습—예수 그리스도 안에서, 소위 하나님의 자기-이미지 안에서 우리에게 그 간격을 자로질러 다가오는 하나님—사이에 존재하는 간격의 강력한 힘을 느낀다.[41]

율라노프는 심층심리학의 공헌을 예방약으로 이해한다; 그것은 물질 안에서, 육체 안에서 영성의 기초를 두고, 그리고 그것을 전적으로 천상의 것이 되지 않도록 방해한다. 그런 고로 영성은 "명암이 없는, 살아있는 조직이 없는, 근성이 없는, 명랑한 요정 같은 것"[42]이 되는 것을 피하기 위해 공격성, 성, 그리고 매일의 생활에서 인간간의 상처들의 주제들에 대하여 말해야 한다. 우리는, 그녀는 암시하기를, 의식적 자아뿐만 아니라 무의식의 흐름도 요구하는 영성을 필요로 한다.

따라서 융이 그리스도를 이상주의자 원형이 되게 하고 동시에 근거가 있는 영성의 중요성을 강조하는 반면에, 율라노프는 그리스도 안에서 근거의 모델, 하나님의 인격의 성육신을 본다. 이것은 어떻게 그리스도가 우리 안에서 구성되는가를 해석하는 고된 작업을 요구할 것이고, 그렇게 함으로써 그리스도 안의 하나님은 더 분명하게 반영된다. 복음주의자들을 위해서 융의 주관성은 성육신의 본질 속에서 결정적인 검증에 직면한다. 예수는 우리에게 독특한 방식으로 하나님을 찾는 길을 보여주는, 충만하고 유일한 우리들 중에 한 사람인가?

---

41) 이 책 pp. 129-130을 보라.
42) Ulanov, *Spiritual Aspects of Clinical Work*, p. 16.

악

　선과 악의 언어를 색다르고 흥미 있는 도덕주의로서 거절한, 도덕성이 결여된 심리학과 대조적으로, 융의 접근은 기독교 심리학자들이, 현대주의자의 심리학적 담론의 지배권이 있다고 치면, 알고 있지만 잃어버렸을지도 모를 어떤 것을 심오하게 상기시켜 준다. 어떤 다른 심리치료자보다 더, 융은 인간의 삶 속에—그리고 그의 내담자들의 삶들 속에 명확하게 있는 악의 현존을 인정했다. 그는 그의 내담자들에게 그들의 영혼들 속의 그림자들뿐만 아니라 또한, 훨씬 더, 그곳에 숨어있는 악을 직면하도록 재촉했다. 도덕적 언어는 융의 관점에 관계가 없는 것이 아니다.

　융은 인간성의 어두운 측면을 아주 심각하게 말하지 않은 것에 대해서 크리스챤들을 비판했다. 융이 생각하기를, 그들은 타락과 인간의 부패에 관해 추상적으로 말했고, 그들은 가끔 정신의 그림자 요소들의 주관적인 실재와 싸우는 것을 회피했다. 그림자가 자기 자신의 부분들 속에 있는 악과 필연적으로 동등하지는 않을지라도 당황케 하는 개인적 요소들을 부정하는 경향은 거기에 남아있다. 더욱이 융이 구약성경에서 특히 현존한다고 발견했던, 하나님의 부정적인 측면을 인식하지 못하는 경향이, 융에 의하면, 자기 자신 내에 어두운 측면들을 확인하지 못하는 것보다 더 심각하다.43)

　융이, 도덕적이고 윤리적인 공동체들의 만화경을 가진, 현대 세계에서 악의 본질에 관하여 그와 같은 자신감을 가지고 말하는

---

43) Jung, *Answer to Job*, trans. R. F. C. Hull (London: Routledge & Kegan Paul, 1954); and John Thurman, "In the Shadow of the Almighty: A Jungian Interpretation of Negative God Images in the Pentateuch," Ph.D. theis, Fuller Theological Seminary, School of Psychology, 2003.

것이 어떻게 가능한가? 도덕적 기획으로서 치료책은 어떤 행위들이 윤리적으로 부적절한가에 대한 적어도 최소한의 합의를 제공하는 윤리적 상황을 요구한다. 융이 집단적 무의식에서부터 일어나는 긍정적인 어떤 이미지들을 자신 있게 분류하듯이, 그는 또한 부정적인 상징들이 나타날 것을 가정한다. 이것은 이미지들이 긍정적이거나 부정적인, 선하거나 혹은 악한 것으로 어떻게 지각될 수 있는가의 질문을 제기한다. 융의 윤리에 대한 접근은 이질적이기 보다는 동질적이다; 그는 행위를 선하거나 혹은 악하다고 해석하기 위해 외부의 전수받은 윤리적 전통에 의존하지 않는다. 단 브라우닝(Don Browning)은 치유를 위한 도덕적 상황의 결정적인 역할을 주장했다.44) 유사하게 알라스데이르 매킨타이어(Alasdair MacIntyre)는 전통은 도덕적 용어들을 해석하는 데 필수적이고, 현대세계에서 그와 같은 용어들의 의미에 관해 도덕적 합의는 거의 없으며, 그리고 우리가 남긴 모든 것은, 공리적이든 혹은 의무론적이든, 도덕적 판단을 정당화하려는 것에 대한 초기의 접근들의 파편들이라고 주장했다.45)

율라노프는 무엇이 나쁜 것인가에 관해 고백적으로 유래된 확신들을 가지고 시작한다.46) 그녀는 우리가 치료책 안에서 주제들을 헤쳐 나간다면 우리는 타락의 영향들을 만난다고 암시한다. 융은 악을 신성(God-head)에 투사했던 반면에, 율라노프는 악과의 충돌을 단호하게 정신 내에 두기 때문에 다른 접근을 취한다.

---

44) Browning, *The Moral Context of Pastoral Care* (Philadelphia: Westminster Press, 1976).
45) MacIntyre, *After Virtue: A Study in Moral Theory* (Notre Dame: University of Notre Dame Press, 1984); and *Whose Justice? Which Rationality?* (Notre Dame: University of Notre Dame Press, 1988).
46) 이 책의 두 번째 에세이를 보라.

그녀는 융에 대해서, "악과 선은 끊임없이 싸우는 사물 그 자체의 원리들이다. 모든 원형들은 이중적이다. 융의 선-과-악의 하나님이 거주하는 것은 원형적 차원에서이다"라고 논평한다.47) 율라노프는 말하기를, 우리의 하나님의 이미지들은 혼합되어 있다; 선뿐만 아니라 악도 현존한다. 이것이 자기의 투쟁이다.

악에 대한 융의 강조에 반응해서 울라노프는 나치들과 충돌함에 있어서 융의 비일관성을 단호하게 지적한다. 융은 전후의 지도자 레오 백(Leo Baeck)에게 "내가 실수했다"고 나중에 인정했다.48) 『국제 일반의료 심리학회 저널』(Journal of the International General Medical Society for Psychology)의 편집장의 지위를 감당하는 동안, 융은, 헤겔의 방식으로, 유대인과 나치 박사들의 반대의 의견들을 출판함으로써 새로운 어떤 것이 나타날 수 있다고 가정했다. 분석학회의 의장으로서 융은, 그 그룹 안의 그의 동료들과 함께, 회원들이 되기로 허락된 다수의 유대인들을 회원으로 받아들였다. 융은 또한 취리히의 분석심리학 클럽의 회원이었다. 유대인 회원권을 30%로 제한했던, 조직의 1916년의 세칙들에 비밀 부록이 1989년에 발견되자49) 이것은 상당한 비판을 불러일으켰다.50) 율라노프는 융이 그와 같은 정치에 가담한 것을 그의 맹점들 중에 하나라고 이해한다. 그녀는 진술하기를,

> 융은, 선과 악을 도덕적 범주들로서 흡수함에 있어서, 양심의

---

47) 이 책 p. 95를 보라.
48) Aniela Jaffe, "C. G. Jung and National Socialism," in *From the Life and Work of Jung*, trans. R. F. C. Hull (New York: Harper, 1971), pp. 97-98에서 인용함.
49) Richard Noll, *The Jung Cult: Origins of a Charismatic Movement* (Princeton: Princeton University Press, 1994), pp. 259-60.
50) 그러나 융의 가장 친밀한 동료들 중의 세 사람이 유대인이라는 것을 잊어서는 안 된다: Erich Neumann, Jolande Jacobi, and Aniela Jaffe.

신비를 탐구함에 있어서, 악에 강렬한 관심을 가진 심층심리학자들 가운데 기이한 사람이다. 그러나 융은 악이 측량할 수 없는 야만성 속에서 그와 직면했을 때 역사 안에서 악의 가장 큰 실례들 중에 하나를 인정하지 않았다.[51]

대극들의 통합에 그와 같은 중요성을 두었던 융은 어떤 대극들이 감히 위험을 무릅쓰고 통합된다는 것을 이해하는 데 실패했다. 다시 율라노프는 말하기를,

> 선의 결핍(privatio boni)에서, 악은 존재하지만, 그러나 선과는 매우 다른 방식으로 존재한다고 진정으로 이해된다. 선(Good)은 단지 하나님과 관계하는 존재(being), 관계된 존재, 창조된 존재, 창조자에게 의존적 관계들의 순환 내에 있는 존재이다. 악은 그 관계를 부정하고, 그것을 파괴하기를 추구하고, 그것으로부터 이탈하는 것이다. 악은 부정, 배반, 결핍, 어떤 것 대신에 "아무 것도 아닌 것"을 두려는 무자비한 시도로서 존재한다. 악은 실제 그 자체의 각색과 비전을 위해서 중심을 강탈하면서, 초월적 중심과의 관계 밖에서 존재한다. 이것이 정확하게 나치들이 시도했던 것이 아닌가?[52]

악의 혼합은 의식을 증가시키지 못했다. 율라노프가 지적하듯이, 의식은 융을 배반했다. "대극들의 의식과, 아리안과 유대인, 그리고 독일 사람들과 유대 사람들의 범주들 안에서 그것들에 관해 글을 쓰는 것은 돕는 대신에 해를 가했고, 치유의 명쾌함 대

---

51) Ulanov, *Religion and the Spiritual in Carl Jung*, p. 52.
52) Ulanov, *Religion and the Spiritual in Carl Jung*, p. 52.

신에 공격을 가져왔다."53) 율라노프는 대극들을 통합하는 대신에, 사람은 내면에 있는 그림자와 자기를 위하여 두 가지를 중재해야 한다고 시사한다. 복음주의자들은 악을 인정하려는 융의 부름(call)을 필요로 한다. 너무 가끔 그들은 악을 추방된 행동들로 성문화하고, 그 다음 그것의 관계적이고, 사회적이고 그리고 정치적인 실재에 그들의 눈들을 닫는다. 융이 유사한 무분별로부터 고통을 겪었다.

자기와 타인

융에 대한 반복된 비판은, 자아, 자기, 그림자, 페르조나, 개인적이고 집단적인 무의식, 아니마와 아니무스, 외향성과 내향성과 같은, 그의 개인적 정신의 세련되게 조율된 묘사에 필적할 관계성의 관점을 명석하게 표현하지 못한 그의 실패와 관련이 있다. 『기억과 꿈과 회상들』(Memories, Dreams, Reflections)의 서문에서, 융은 진술하기를, "따라서 나는, 나의 83세에, 나의 개인적 신화를 말하는 일을 떠맡았다. 나는 단지 직접적인 진술들을 할 뿐이고, 단지 '스토리들을 말할 것이다.' 스토리들이 사실인지 혹은 아닌지는 문제가 아니다. 유일한 질문은 내가 말하는 것이 나의 우화, 나의 진실인가이다."54)

공공의 종교적 전통들은 성경, 전통과 개인적 경험 안에서 하나님의 음성을 듣는다. 작가의 재침례파 전통에서 영성은 본질상

---

53) Ulanov, *Religion and the Spiritual in Carl Jung*, p. 53.
54) Jung, *Memories, Dreams, Reflections*, p. 3.

사회적이고, 기독교 공동체의 생활에서 몰입은 영성 형성에 결정적이다. 교회의 부분으로서 크리스챤은 더 큰 사회에 증인이다. 교회는 매일의 생활을 위해서 성경의 의미를 해석하는 방식으로 권위를 가지고 말하도록 요청받는다. 그것은 책임의 공동체이고,[55] 그리고 영성은 단순히 개인적 문제가 아니다.[56]

울라노프가 융의 주관적 자기의 견해를 가장 고맙게 여기는 동시에, 그녀는 매우 인간 사회의 중요성을 강조한다. 울라노프는 전통에 의해 경험을 상대화한다. 그녀에게 전통은 이미지들, 의례들과 상징들과 함께 살아 있다. 전통은 타인을 포함하기 위해서 그 자체의 강박적인 필요들의 좁은 한계들을 넘어서 자아를 확장한다. 울라노프는 무의식적 과정들의 더 큰 자각과 함께 단지 끝나는 분석에 만족하지 않는다. 분석은 인간적인 타인을 고려하기 위해 이동해야 한다. "단지 타인들과의 관계를 통해서, 사람은 어떤 자기의 개념을 가질 수 있고, 그리고 구체적인 개인적 관계들을 통해서만 사람은 추상적인 객관적 차원들 안에 가치의 감각에 다가갈 수 있다."[57] 울라노프는 내적인 삶에 민감한 동시에 그녀의 견해는 전세계적(global)이다. 그녀는 진술하기를, "자기는 안과 밖의 실재의 전체성, 그리고 영원의 빛 아래에 있는 시대돌, 인간의 스토리와 관계가 있다."[58]

울라노프의 더 사회적 관점은 또한 그녀의 구체적인 전통들의

---

[55] Donald Kraybill, *The Upside-Down Kingdom* (Scottdale, Pa.: Herald Press, 2003); John Roth, *Beliefs: Mennonite Faith and Practice* (Scottdale, Pa.: Herald Press, 2005); and John Howard Yoder, *Body Politics: Five Practices of the Christian Community before the Watching World* (Scottdale, Pa.: Herald Press, 2001)을 보라.
[56] David W. Augsburger, *Dissident Discipleship: A Spirituality of Self-Surrender, Love of God, and Love of Neighbor* (Grand Rapids: Brazos Press, 2006).
[57] Ulanov, "The Self as Other," p. 39.
[58] 이 책 p. 53을 보라.

긍정 안에서 명백하다. 그녀가 기독교 전통과 동일시한다는 점에서 특수성을 가진 사람(particularist)이고, 그리고 그것이 그녀의 융 읽기(reading)를 구성한다. 진정으로 그녀가 논평하기를, "신앙은 배타적이지 않다; 그것은 특수적이다."59) 구체적이고 특수적이기 위해서 그것은 구체화되어야 한다. 율라노프는 진술하기를,

> 우리가 우리의 영적 여정을 수행하는 방법들은, 그것을 하나님과의 더 큰 친밀감으로 우리를 인도하는 방법들은, 우리가 하나님에 대해서 가지고 있는 주관적인 이미지들과 우리의 종교적 전통으로부터 우리가 받은 객관적인 것들 사이의 공간에서, 그리고 우리가 구성하는 어떤 것도 무한히 자유로운 하나님을 방해할 수 없기 때문에, 모든 이미지들을 부수는 거룩한 분과 거룩 그 자체 이신 분에 대한 우리 모든 인간들의 이미지들 사이의 공간에서 작용한다 … 우리는 하나님의 기묘한 이미지들을 통해서 그것들을 실재하게 만듦으로써 교리의 전통들을 기르고; 전통은, 우리의 제한된 지각들이 성취할 수 있는 것을 능가하는, 셀 수 없는 마음들과 기도들이 숙고하고 다듬었던 것을 우리에게 가져옴으로써 우리를 기른다.60)

융은 개인적인 것 내에서 갱신을 추구하지만, 그가 지불한 대가는 그가 관계적인 것을 등한시한 것이다. 율라노프는 인간간의 그리고 지구적인 주제들에 대해 민감하게 그 약점을 교정한다.

---

59) Ulanov, 2004년 California, Pasadena에서 행해진 심포지엄에서 질문에 대한 반응으로 나온 진술임.
60) 이 책 pp. 107-108을 보라.

결론

　앤 율라노프의 재능은 신학자로서 그녀 자신과 심리학자로서 융 사이에서 미묘한 차이를 드러내는 대화의 모형을 만든 방식에서 명백하다. 대화의 논조는 귀에 거슬리지도 않고 논쟁적이지도 물론 아니며, 은혜롭고 개인주의적이다. 율라노프는 우리의 그림자가 우리의 심리학적 이론과 지나치게 동일시되는 것이 포함될 수 있다고 경고하며;[61] 따라서 그녀의 융에 대한 반응은 바로 곁에 있는 주제와 함께 변한다. 가끔 율라노프는 분명하게 그리고 비판적으로 융에 동의하지 못한다. 가끔 그녀는 그의 비일관성에 건설적인 비판을 보이고, 그녀의 신학적 확신들과 일치하는 방법들 안에서 융을 이용한다. 그녀는 융의 견해들의 무비판적 수용 혹은 일괄적인 거절의 극단들을 피한다. 그녀는 그를 크리스챤으로 만들지 않고 단지 그의 견해들이 종교적으로 민감한 치료사에게 도움이 된다고 주장한다.

　율라노프는 융의 작업을 신앙의 사람으로서 그녀의 작업을 돕기 위한 비계로서 사용한다. 그녀의 융과의 대화에 반응하여 나는 이 평가를 지지하는 네 가지 분야들을 엄밀하게 조사했다. 융의 하나님의 견해에 대한 그녀의 반응에서 율라노프의 통합의 양식은 신학적으로 융과는 다르지만, 그러나 치료에서 하나님의 현존의 심리적 충격과 중심을 진지하게 받아들이는 것을 포함한다. 그녀는 하나님을 정신과 독립된 존재로서 주저하지 않고 긍정하지만, 그러나 그녀는 주관적인 하나님-이미지들의 탐구를 격려한다. 세속적인 길드(guild)로 정의된 "전문가"가 되기를 열망

---
[61] Jung, *Memories, Dreams, Reflections*, p. 3.

하는 저 크리스챤 심리학자들을 위해서 율라노프는 경고를 울리고 모범을 세운다: 인간의 정신은 본질에서 종교적이고 하나님을 주관적으로 경험하며, 그리고 이것은 치료에서 심리학적으로 적절하다.

율라노프의 기독론은 체현(embodiedness)에 대한 융의 강조를 반영하고; 그러나 그녀는 그 개념에 성육신, 그리스도의 육체를 가지고 채운다. 율라노프에게 윤리적 규정은 원형들의 누미노시티(numinosity)로부터 덜 나타나고, 그리스도의 생애의 본보기로부터 더 많이 나타난다. 동시에 그녀는 집단적 무의식으로부터 끓어오르는 원형적 실체를 확언하고 그리스도가 인간의 정신 안에서 어떻게 문화적으로 그리고 개인적으로 경험되는가를 가리킨다.

그녀의 악의 분석에서 율라노프는 그녀 자신과 융 사이의 유사점들과 차이점들을 분별하는 그녀의 능력을 매우 분명하게 예시한다. 율라노프는 악의 현존에 관한 융의 사상을 주목하지만 그러나 그를 그의 심리학적 관점에 잡아둔다—그곳에 비주관적인 하나님에게 악의 투사는 있을 수 없다. 율라노프는 융을 이상화하는 것을 피한다. 은혜롭게 용기 있게, 그녀는 유대인의 공동체에 관해서 그의 실패들을 지적한다. 그녀는 악을 심리화하는 것을 거절하고, 그녀는 개인 속에, 사회 속에 그리고 문화 속에 악의 현존을 강조한다.

마지막으로 융이 개인적인 것을 긍정하는 쪽으로 기울지라도, 율라노프는 개인도 전통도 물론 긍정한다. 그녀의 많은 책들에서 그녀는 융의 정신의 모델을 자유롭게 사용하지만—그러나 공동체를 강조하면서 그것에 자격을 부여한다. 우리는 현대적 개인을 위한 칭찬의 노래가 아니고 더 큰 개인적 성실과 사회적 책임감을 위한 소명을 물려받는다.

치료사에게 율라노프의 메시지는 분명하다: 영성을 진지하게 받아들이는 것은 우리가 그것을 우리의 자신의 삶들 안에서 말하고 그리고 우리의 내담자들의 삶들 안에서 그것을 바라본다는 것을 의미한다. 융과 같이 그녀는 종교를 사람의 이해와 또한 치유에 절대 필요한 것으로 본다. 그녀는 가끔 교회에 의해 도용된 그림자 심리학(shadow psychology)과는 대조적으로, 인간의 영혼의 깊이를 우리에게 상기시킨다.[62]

나는 『칼 융의 종교와 영성』(Religion and the Spiritual in Carl Jung)에서 치료사들에게 한 율라노프의 격려를 가지고 결론을 맺는다:

> 종교적 차원은 이런 혹은 저런 방식으로 인정되어야 한다. 그것은 구체적인 삶을 관통하고, 어떤 가시적인 형태를 성취하기를 원한다. 이것은 정신적으로 곤란에 처해 있거나 정서직으로 교란된 사람들을 돕는 정신건강 전문가들을 훈련함에 있어서, 훈련은 자기 자신의 종교적 삶 혹은 비종교적 삶, 자기 자신의 하나님-이미지들, 종교 주위의 자기 자신의 콤플렉스들을 고려해야 한다. 우리가 이것을 하지 못하면, 검토되지 않은 성적 콤플렉스들, 이미지들, 혹은 충동들이 그렇게 하는 것처럼 쉽게 이 검토되지 않은 종교적 삶은 역으로 우리의 역전이 반발들에 영향을 미칠 것이다. 훈련에서 우리는 우리의 사역에서 그리게 될 더 큰 영토를 건설하기 위해 심리학적 원문들을 읽기 위해서라도 우리는 영적이고 종교적 원문들을 열심히 읽어야 한다. 그것은 또한 우리가 영적차원을 전인적 치료의

---

62) E. Brooks Holifield, *A History of Pastoral Care in America: From Salvation to Self-Realization* (Nashville: Abingdon Press, 1983)을 보라.

한 부분으로 만들어야 한다는 것을 의미한다. 그것은, 심리적 소양을 장식하는 아름다운 스카프(scarf)와 같이, 우리가 한데 모으려고 열심히 노력했던 치료의 끝에 부가된 그 무엇이 아니다.[63]

---

63) Ulanov, *Religion and the Spiritual in Carl Jung*, p. 44.

한국심리치료연구소 총서

순수 심리치료 분야

놀이와 현실
Playing and Reality
by D. W. Winnicott / 이재훈

울타리와 공간
Boundary & Space
by D. Wallbridge
& M. Davis / 이재훈

유아의 심리적 탄생
Psychological Birth
of the Human Infant
by M. Mahler & F. Pine / 이재훈

꿈상징 사전
Dictionary of Dream Symbols
by Eric Ackroyd / 김병준

그림놀이를 통한 어린이 심리치료
Therapeutic Consultation
in Child Psychiatry
by D. W. Winnicott / 이재훈

자기의 분석
The Analysis of the Self
by Heinz Kohut / 이재훈

편집증과 심리치료
Psychotherapy
& the Paranoid Process
by W. W. Meissner / 이재훈

멜라니 클라인
Melanie Klein
by Hanna Segal / 이재훈

정신분석학적 대상관계이론
Object Relations
in Psychoanalytic Theories
by J. Greenberg & S. Mitchell / 이재훈

프로이트 이후
Freud & Beyond
by S. Mitchell & M. Black
/ 이재훈 · 이해리 공역

성숙과정과 촉진적 환경
Maturational Processes
& Facilitating Environment
by D. W. Winnicott / 이재훈

참자기

The Search for the Real Self
by J.F. Masterson / 임혜련

내면세계와 외부현실
Internal World & External Reality
by Otto Kernberg / 이재훈

자폐아동을 위한 심리치료
The Protective Shell in Children and
Adult by Frances Tustin / 이재훈 외

박탈과 비행
Deprivation & Delinquency
by D. W. Winnicott / 이재훈 외

교육, 허무주의, 생존
Education, Nihilism, Survival
by D. Holbrook / 이재훈 외

대상관계 개인치료 I · II
Object Relations Individual Therapy
by Jill Savege Scharff & David E.
Scharff / 이재훈 · 김석도 공역

정신분석 용어사전
Psychoanalytic Terms and Concepts
Ed. by Moore and Fine / 이재훈 외

하인즈 코헛과 자기심리학
H. Kohut and the Psychology of the
Self
by Allen M. Siegel / 권명수

성격에 관한 정신분석학적 연구
Psychoanalytic Studies of the
Personality by Ronald Fairbairn / 이재훈

대상관계 이론과 임상적 정신분석
Object Relations
& Clinical Psychoanalysis
by Otto Kernberg / 이재훈

나의 이성, 나의 감성
My Head and My Heart by De
Gregorio, Jorge / 김미겸

환자에게서 배우기
Learning from the Patient by Patrick
J. Casement / 김석도

의례의 과정
The Ritual Process
by Victor Turner / 박근원

순수 심리치료 분야

대상관계이론과 정신병리학
Object Relations Theories and Psychopathology by Frank Summers /이재훈

정신분석학 주요개념
Psychoanalysis : The Major Concepts, by Moore & Fine/이재훈

대상관계 단기치료
Object Relations Brief Therapy by Michael Stadter/이재훈·김도애

임상적 클라인
Clinical Klein by R. D. Hinshelwood/이재훈

살아있는 동반자
Live Company by Anne Alvalez /이재훈 외

대상관계 가족치료
Object Relations Family Therapy by Jill Savege Scharff & David E. Scharff/이재훈

대상관계 집단치료
Object Relations, the Self and the Group by Charles Ashbach & Victor L. Shermer/이재훈

스토리텔링을 통한 어린이 심리치료
Using Storytelling as a Therapeutic Tool with Children by Sunderland Margot/이재훈 외

자폐아동과 정신분석
Autismes De L'enfance by Roger Perrson & Denys Ribas/권정아·안석

하인즈 코헛의 자기심리학 이야기 1/홍이화

초보자를 위한 대상관계 심리치료
The Primer of Object Relations Therapy by Jill & David Scharff/오규훈·이재훈

인격장애와 성도착에서 의공격성
Aggression and Perversions in Personality Disorders/이재훈·박동원

대상관계 단기부부치료
Short Term Object Relations Couple Therapy by James Donovan /이재훈·임영철

왜 정신분석인가?
Une Psychanalyse Pourquoi? by Roger Perron/표원경

애도
Mourning, Spirituality and Psychic Change by Susan Kavaler-Adler/이재훈

독이 든 양분
Toxic Nourishment by Michael Eigen/이재훈

무의식으로부터의 불꽃
Flames from the Unknown by Michael Eigen/이준호

정신분석학 주요개념 II
Psychoanalysis : The Major Concepts, by Moore & Fine/이재훈

대상의 그림자
The Shadow of the Object by Christopher Bollas/이재훈 외

환기적 대상
The Evocative Object by Christopher Bollas/이재훈

순수 심리치료 분야

끝없는 질문
The Infinite Question by Christopher Bollas/이재훈

소아의학을 거쳐 정신분석학으로
Through Paediatrics to Psycho-Analysis by D. W. Winnicott/이재훈

감정이 중요해
Feeling Matters by Michael Eigen/이재훈

흑암의 빗줄기
A Beam of Intense Darkness by Grotstein/이재훈

C.G. 융과 후기 융학파
JUNG AND THE POST-JUNGIANS by Andrew Samuels/김성민

깊이와의 접촉
Contact With the Depth by Michael Eigen/이재훈 심연의 화염

Flames From the Unconscious by Michael Eigen/이재훈

정신증의 핵
The Psychotic Core by Michael Eigen/이재훈

기독교 신앙과 관련된 심리치료 분야

종교와 무의식
Religion & Unconscious
by Ann & Barry Ulanov / 이재훈

희망의 목회상담
Hope in the Pastoral Care
& Counseling
by Andrew Lester / 신현복

살아있는 인간문서
The Living Human Document
by Charles Gerkin / 안석모

인간의 관계경험과 하나님경험
Human Relationship
& the Experience of God
by Michael St. Clair / 이재훈

신데렐라와 그 자매들
Cinderella and Her Sisters
by Ann & Barry Ulanov / 이재훈

현대정신분석학과 종교
Contemporary Psychoanalysis
& Religion
by James Jones / 유영권

살아있는 신의 탄생
The Birth of the Living God
by Ana-Maria Rizzuto / 이재훈

인간의 욕망과 기독교 복음
Les Evangiles au risque
de la Psychanalyse
by Françoise Dolto / 김성민

신학과 목회상담
Theology & Pastoral Counseling
by Debohra Hunsinger
/ 이재훈 · 신현복

성서와 정신
The Bible and the Psyche
by E. Edinger / 이재훈

목회와 성
Ministry and Sexuality
by G. L. Rediger / 유희동

상한 마음의 치유
Healing Wounded Emotions
by M. H. Padovani 외 / 김성민 외

예수님의 마음으로 생활하기
Living from the Heart Jesus Gave You
by James. G. Friesen 외 / 정동섭

신경증의 치료와 기독교 신앙
Ministry and Sexuality
by G.L.Rediger/ 김성민

전환기의 종교와 심리학
Religion and Psychology in
Transition
by James Johns/ 이재훈

영성과 심리치료
Spirituality and Psychotherapy
by Ann Belford Ulanov/ 이재훈

치유의 상상력
The Healing Imagination
by Ann Belford Ulanov / 이재훈

외상, 심리치료 그리고 목회신학
/ 김정선

그리스도인의 원형
The Christian Archetype
by Edward F. Edinger/ 이재훈

융의 심리학과 기독교 영성
De I'inconscient à Dieu: Ascèse
Chrètienne et psychologie de C.G.
Jung by Erna van de Winckel/ 김성민

앞으로 출간될 책

아기에게 말하기
Talking to Babies by Myriam
Szejer/이준호

정신분열증 치료와 모던정신분석
Modern Psychoanalysis of the
Schizophrenic Patient by Hyman
Spotnitz/이준호